Ernst Günther Weber

Orientalische Streiflichter

Prosatexte und Gedichte

Bibliografische Information der Deutschen Nationalbibliothek: Die Deutsche Nationalbibliothek verzeichnet diese Publikation in der Deutschen Nationalbibliografie; detaillierte bibliografische Daten sind im Internet über dnb.dnb.de abrufbar

Impressum: ©2023 Ernst Günther Weber -
olkweberhb@yahoo.de
Fotos Ernst Günther Weber:
Herstellung und Verlag: BoD – Books on Demand, Norderstedt

ISBN 9783738654103

für Ursel

und im Andenken an

meine irakischen Schwiegereltern

Edward und Matilda Beshoory

Inhaltsverzeichnis

	Seite
Vorwort	9

Prosatexte

Ausländeramt	11
Baghdader Erinnerungen	13
Über untershiedliche Arten einen Streit auszutragen	18
Recycling	20
Die Pantoffelgechichte	21
Führerschein	23
Übersinnliches	26
Weisheit	27
Auf die Spitze getrieben	29
Andere Präferenz	30
Kunya	35
Die Geduld	42
Dankbarkeit	46
Rettung	53
Musik	59
Die Friedenstaube	62
Makame	64
Diktatur	66
Zorkhaneh	69
Gruß	72

	Seite
Verantwortung im sprachlichen Vergleich	78
Serendipität	80
Generalife	83
Namen im Islam	87

Gedichte

Heimat	91
Calamos	92
Baghdad	93
Rashid Street, Baghdad	94
Kur im Iran	95
Persepolis	96
Libanon	98
Der Flaneur	100
Fes	102
Der Liebe Wort	104
Orient	105
Vergänglichkeit	106
Samarra	108
Pasargadae	110
Topkapı	112
Leila und Madschnun	114
Anmerkungen	116
Der Autor	122

Vorwort

Als junger Mann bin ich in prägenden Jahren in eine für mich völlig neue Kultur geworfen worden. Als Zwanzigjähriger kam ich nach Baghdad. Ich habe damals Arabisch gelernt, war mit einer Einheimischen verheiratet, und habe mich intensiv mit Geschichte, Kultur und Traditionen des Landes befasst. All das hat eine bleibende Wirkung auf mein Denken, sozusagen „der Orient als geistige Lebensform" (frei nach Thomas Mann). Ein arabisches Sprichwort sagt, wer vierzig Tage mit einem Volk lebt, wird einer von ihm, oder er verlässt es. Bei mir waren es fünfzehn Jahre, und ich habe es auch danach innerlich nie verlassen. Es ist bis heute, als zweite Heimat, in mir geblieben.

Dieses Buches „Orientalische Streiflichter" enthält kurze Prosatexte mit Erinnerungen aus den fünfzehn Jahren (1956 bis 1971) meiner Zeit in Baghdad und Überlegungen, die ihre Wurzel in diesen Erfahrungen haben. Die Leserin oder der Leser wird hier einige interessante Aspekte aus ungewohntem Blickwinkel finden, eben Streiflichter.

Am Schluss ist eine Auswahl meiner Gedichte angefügt, die ebenfalls den Orient zum Thema haben. Da manche der darin vorkommenden Begriffe nicht auf Anhieb verständlich sind, habe ich diese mit einem Sternchen versehen und erkläre sie in einem Anhang am Ende dieses Bändchens in alpha-betischer Reihenfolge.

Ausländeramt

In seinem Buch „*Der Erinnerungsfälscher*" beschreibt Abbas Khider, deutscher Autor irakischer Her-kunft, eine Szene, in der Said Al-Wahid, der Protagonist seines Buches, nachdem er vom Bundesamt für Migration und Flüchtlinge eine förmliche Zustellung erhalten hatte, in der sein Asylstatus als aufgehoben erklärt und er zum Verlassen der Bundesrepublik Deutschland aufgefordert wurde, mit dem Angestellten einer prominenten Rechtsanwaltskanzlei im Ausländeramt erschienen war. „So herzlich wie an jenem Tag war er jedenfalls noch nie von einem Sachbearbeiter empfangen worden. Mit einem einheimischen Rechtsanwalt an seiner Seite wurde er wie ein echter Mensch behandelt." Diese Szene lässt erahnen, wie herablassend und unfreundlich er bisher, wenn er allein dort war, von Sachbearbeitern im Ausländeramt behandelt worden war, jedenfalls nicht als Mensch, dessen Würde – laut Grundgesetz – nicht angetastet werden dürfe. Dies ist zwar eine fiktive Szene im Roman, dürfte aber im Wesentlichen den persönlichen Erfahrungen des Autors entsprechen.

Nach dem Lesen dieser Zeilen erinnerte ich mich meiner Erfahrungen, die ich in den Fünfziger- und Sechzigerjahren des vorigen Jahrhunderts im Baghdader Ausländeramt, der *Residence Police*, machte, wo ich einmal jedes Jahr für ein weiteres Jahr meine Aufenthaltserlaubnis verlängern lassen musste. Ich bin dort immer und ausnahmslos äußerst freundlich und zuvorkommend empfangen und behandelt worden, so wie es orientalischer Gastfreundschaft entspricht. Mir ist immer vor dem Schreibtisch des Sachbearbeiters ein Stuhl angeboten worden, und es ergab sich ein angenehmes Gespräch. Später, als ich mich auf Arabisch mit den Beamten unterhalten konnte, wurde mir auch einige Male ein stark gesüßter Tee im Stikkan, dem üblichen kleinen Teeglas auf dem kleinen Tellerchen darunter, serviert. Ob es heute auch noch so ist, weiß ich nicht. Ich hoffe es, bin mir aber nicht sicher.

Baghdader Erinnerungen

In den Erinnerungen an meine Zeit in Baghdad von 1956 bis 1971 nehmen die an meine irakischen Schwiegereltern, Edward und Matilda Beshoory, einen bedeutenden Platz ein. Mein Schwiegervater, aus einer der ältesten christlichen Baghdader Familien, war der ehrlichste, verlässlichste, rechtschaffenste, ehrenwerteste und einer der liebenswertesten Menschen, die ich je in meinem Leben kennengelernt habe. Ein Heiliger könnte kein besserer Mensch gewesen sein als er, obwohl ich in meiner Zeit mit ihm nie erlebt habe, dass er eine Kirche betreten hat.

Später las ich eine Geschichte über *As-Samau'al* (Samuel), die mich an meinen Schwiegervater erinnerte. *As-Samau'al bin 'Ādiyā* war ein jüdisch-arabischer Dichter, der in der Mitte des sechsten Jahrhunderts unserer Zeitrechnung, also im Jahrhundert vor dem Beginn der islamischen Zeit, gelebt hat. Er bewohnte die berühmte Burg *Qasr al-Ablaq* in der Nähe von *Taymā'*, im Nordwesten der arabischen Halbinsel.

Von seinen Gedichten waren selbst im Mittelalter nur wenige bekannt. Sein *Dīwān* enthielt nur neun Gedichte mit insgesamt 88 Versen. Von diesen Gedichten erlangten nur zwei größere Beachtung, da sie in bedeutende Anthologien aufgenommen wurden

Seinen Ruhm verdankt *as-Samau'al* weniger seiner Dichtkunst als einem Verhalten, dass in der arabischen Welt zu dem sprichwörtlichen Vergleich „treu , oder worthaltend, wie *as-Samau'al*" herangezogen wurde. Nach dieser Geschichte gab ihm der Dichter und Fürst des Stammes der *Kinda, Imru' al-Qays*, vor einer Reise Waffen und eine Rüstung in Verwahrung. Der Führer des Stammes der Ghassāniden, *al-Ḥārith bin Dschabala*, erfuhr davon und wollte sich diese Waffen aneignen, nachdem *Imru'al-Qays*, der rechtmäßige Besitzer, gestorben war. Er begründete es damit, dass er als Vetter des *Imru' al-Qays* das Recht habe, diesen zu beerben. Er zog gegen *as-Samau'al*, der sich in seiner Burg verschanzte. *Al-Ḥārith* bemächtigte sich jedoch *as-Samau'als* kleinen Sohnes, der sich mit seiner Amme außerhalb der Burg aufhielt, und drohte dessen Vater, den Jungen zu töten, falls der Vater sich weiter weigere, ihm die verwahrten Waffen zu übergeben. *As-Samau'al* erbat sich eine Frist bis zum nächsten Morgen, was der *Ḥārith* ihm gewährte. Er beriet sich daraufhin mit seiner Familie, deren Mitglieder ihm rieten, die Waffen und die Rüstung auszuliefern, um das Leben seines Sohnes zu retten.

Am nächsten Morgen erschien er jedoch auf den Mauern seiner Burg und rief seinem Widersacher zu, dass er ein gegebenes Wort nicht breche und es dem anderen frei stünde, zu tun, was er tun wolle, mit dem Satz: „Wahrlich, die Treulosigkeit ist ein Halsband, das sich nicht abnutzt; und dieser mein Sohn hat Brüder." Daraufhin tötete *al-Ḥārith* seinen Sohn und zog ohne die begehrte Beute ab. Am nächsten Markttag traf *as-Samau'al* die rechtmäßigen Erben des *Imru' al-Qays* und übergab ihnen die verwahrte Habe mit den Worten:

Bewahrt hab ich des kendischen Mannes Panzer;

Denn wenn das Volk sie bricht, wahr' ich die Treue.

Gebaut hat Adija ein festes Schloß mir,

Wo ich mich wehre, ob ein Feind mit dräue.

(aus Friedrich Rückert, Makamen)

In der achtzehnten Makame des *Harīrī* „Das gestohlene Gedicht" wird zum Schluss der Vergleich zu *as-Samau'als* Worthalten in einer eher läppischen Sache gezogen. Einem Landpfleger des Kalifen in Baghdad wird von Abu Seid und seinem jungen Komplizen ein Streit vorgespielt, in dem die beiden dem Landpfleger so sympathisch erscheinen, dass er sie großzügig beschenkt. Der Landpfleger erfährt dann von *Hareth Ben Hemmam*, dass er übertölpelt wurde. Da er deswegen den Spott der Leute und den Tadel des Kalifen fürchtet, nimmt er dem *Hareth* das Versprechen ab, Stillschweigen darüber zu bewahren. Am Ende der Makame heißt es dann: „Er forderte mir ab ein Versprechen, - davon, solang ich in Baghdad sei, nicht zu sprechen; - das sagt' ich ihm zu mit gutem Mute - und hielt ihm Wort, wie Samel, der Jude."

Ich hatte in meinem Leben das große Glück, einen Menschen kennenzulernen, von dem man sagen kann, er sei „treu wie as-Samau'al" gewesen, jedoch glücklicherweise nicht mit dem schweren Opfer, wie *as-Samau'al* es zu erdulden hatte. Es ist mein 1967 verstorbener irakischer Schwiegervater *Edward Yousif Beshoory*. Er entstammte einer der ältesten christlichen Baghdader Familien. Er war ein bescheidener, immer höflicher, gebildeter Mann, der außer seiner arabischen Muttersprache drei Fremdsprachen (Englisch, Französisch und Persisch) beherrschte. Ich habe ihn nie in irgendeiner Form aggressiv erlebt oder je ein lautes Wort von ihm gehört. In seinem Berufsleben war er Buchhalter, Chefbuchhalter und dann Direktor mehrerer Filialen einer britischen Bank in Khartum (Sudan) und in Kermanschah, Hamadan und Teheran im Iran. Diese drei Filialen im Iran hat er dann im Auftrag der Zentrale der Bank aufgelöst, und zwar so treu und ehrlich, dass er nicht einmal das kleinste Stück des Inventars oder sonst irgend etwas für sich genommen hätte. Im Alter besaß er nicht einmal ein eigenes Haus in Baghdad und wohnte mit seiner Familie zur Miete. Ich habe nie persönlich einen Menschen gekannt, der es mehr verdient hätte als er, dass man sich seiner mit großer Achtung erinnert, obwohl er in seinem Leben nicht in spektakulärer oder Aufsehen erregender Weise aufgefallen ist, oder vielleicht gerade deswegen. Er war das Muster eines Gentleman und eines gentle man, und er war treu wie *Samau'al*.

Meine Schwiegermutter, aus Basrah, der Hafenstadt im Süden des Irak stammend, war eine ausgezeichnete Köchin. Wenn sie nach dem Geheimnis ihrer von allen in Verwandtschaft und Bekanntschaft anerkannten Kochkunst gefragt wurde, sagte sie nur: es ist die Seele (oder das Selbst oder der Atem) des Kochs oder der Köchin. Das arabische Wort *neffes* hat all diese verschiedenen Bedeutungen.

Ohne jeden Zweifel war sie die Unterhaltsamere der beiden. Sie war sicher – oberflächlich betrachtet - ungebildet, oder besser gesagt: unverbildet. Sie war ein unerschöpflicher Quell von treffenden Metaphern, von Anekdoten und schrägen Döntjes. Mein Schwiegervater hatte Humor, sie hatte Witz. Das wurde nicht immer positiv gesehen, denn sie trug ihr Herz auf der Zunge. Sie hatte, wie die Araber sagen, *lissān tauīl*, eine lange Zunge. Sie war in keiner Weise bösartig oder gar intrigant. Sie konnte das, was sie als wahr ansah, nur nicht für sich behalten.

Sie erzählte manchmal Anekdoten aus ihrem Leben. Zwei davon sind mir besonders in Erinnerung geblieben.

Über unterschiedliche Arten, einen Streit auszutragen

Meine irakische Schwiegermutter hat einige Jahre, in den Vierzigern des vergangenen Jahrhunderts, mit ihrem Mann und ihren Kindern im Iran gelebt, weil mein Schwiegervater als Leiter einer Bankfiliale dorthin, nach Kermanschah, einer Provinzstadt im westlichen Iran, entsandt worden war.

Sie hatten dort eine Wohnung in einem Haus an einem großen Platz. Eines Tages sah sie vom Balkon ihrer Wohnung zwei Männer unten auf dem Platz laut miteinander streiten. Sie schrieen sich an, gingen auf einander zu wie die Kampfhähne und dann wieder einen Schritt zurück, beschimpften sich weiter, sprangen vor und zurück, gestikulierten wild und beleidigten einander, und so ging es eine ganze Weile weiter. Meine Schwiegermutter beobachtete das eine längere Zeit, und meinte, es müsse doch irgendwann einmal zu einer Entscheidung in dieser Auseinandersetzung kommen. Als es ihr zu lange dauerte, rief sie hinunter zu den beiden Streithähnen: „zadan" (persisch für: schlagt zu!). Das war das Signal für die beiden, sich zu vertragen. Sie lachten und riefen zu meiner Schwiegermutter hinauf: „Madame, ūndscha Baghdād nīst" (Madame, hier ist nicht Baghdad).

Diese Anekdote macht deutlich, welchen Ruf die Iraker bei den Menschen in den Nachbarländern haben. Das deckt sich mit dem, wie ich die Menschen des Irak kennengelernt habe.

Ich habe nach meinen langjährigen Erfahrungen festgestellt, dass die Iraker ein sehr gastfreundliches, hilfsbereites, humorvolles und auch sonst liebenswertes Volk sind, dass aber manche von ihnen sich sehr impulsiv und gelegentlich auch aggressiv verhalten. Sie können nichts dafür. Es liegt am Klima in ihrem Land. Im Juli und August ist es oft 45 bis 50 Grad heiß und gelegentlich auch noch heißer. Dann reifen die Zahdi-Datteln; das Blut mancher Iraker fängt an zu kochen, und sie werden streitsüchtig und aggressiv. Die meisten ihrer Revolutionen fanden in dieser heißen Jahreszeit statt. Sie werden deshalb auch „Ähel az-Zahdi" (die aus der Famile der Zahdi-Datteln) genannt. Die Bewohner der Nachbarländer wissen das.

Verallgemeindernde Beschreibungen von Völkern sind immer problematisch, und besonders, wenn man von Mentalität spricht, ist man schnell dem Vorwurf des Rassismus ausgesetzt. Die Sprachreiniger sind ja unermüdlich, und in manchem haben sie sicherlich recht. Aber, wie ein arabisches Sprichwort sagt: *Zuviel ist der Bruder von Zuwenig.* Der mögliche Vorwurf, dass ich mich hier kultureller Aneignung schuldig mache, läuft ins Leere. Die Araber sagen, *wer vierzig Tage mit einem Volk zusam-men lebt, wird einer von ihm oder er verlässt es,* und ich habe 15 Jahre (ungefähr 135 Mal die besagten vierzig Tage) im Irak gelebt.

Recycling

Meine irakische Schwiegermutter, Matilda, war bekannt für ihr loses Mundwerk. Das war schon in ihrer Kindheit in Basrah, der südirakischen Hafenstadt, so, wie sie uns erzählt hat. Wie früher in Bremen Altwarenhändler mit einem Karren durch die Straßen zogen und riefen: „Knoken un Plünnen, Oldisen", so gab es das ähnlich damals auch in Basrah, Anfang des vorigen Jahrhunderts.

Matilda hatte eine Stiege, oder auch Gerstenkorn, am Auge (arabisch: *Digdig*). Ein Altwarenhändler zog mit seinem Karren in der Straße am Haus ihrer Eltern vorbei. Sie rief ihn bei seinem Namen und fragte ihn, ob er kaufen wolle. Er kam näher und fragte: „Was habt ihr denn zu verkaufen?" Ihre Antwort war: *„Digdig, Digdig, min 'Aini ila 'Ainek tizrig"*, auf deutsch etwa: „Stiege, Stiege, von meinem zu deinem Auge fliege". Laut über die freche Göre schimpfend, zog der Altwarenhändler weiter.

Die Pantoffelgeschichte

Meine irakische Schwiegermutter Matilda hatte ein Geheimrezept, wenn es darum ging, Besucher, die über Gebühr lange blieben, zum Gehen zu bewegen. Sie sagte dann leise zu einem von uns anderen Familienmitgliedern, wir müssen den Pantoffel umdrehen, das heißt ihn so auf dem Fußboden liegen lassen, dass die Sohle nach oben zeigt. Mit orientalischer Gastfreundschaft verträgt sich so etwas natürlich überhaupt nicht, aber auch orientalische Gastfreundschaft wird gelegentlich überstrapaziert. Der Pantoffel soll auch keinen Aufforderungscharakter haben, sondern eher wie ein Zauber wirken.

Mabel und ich lernten im Baghdader Alwiyah Club ein sehr sympathisches Paar kennen. Sie waren Armenier, Antranik und Araxi. Eines Tages luden die beiden uns zum Kaffee ein und sagten, dass wir Mabels Mutter mitbringen sollten, damit sie nicht allein zu Hause bliebe. Wir hatten uns also zu fünft nachmittags bei unseren Gastgebern an den Kaffeetisch gesetzt und die erste Tasse Kaffee und das erste Stück Kuchen genossen, als meine Schwiegermutter neben dem Kaffeetisch einen Pantoffel sah, dessen Sohle nach oben wies. Sie stieß Mabel an und machte ihr ein Zeichen, dass sie in Richtung des Pantoffels sehen sollte. Die Konsequenz war klar. Nach der nächsten Runde Kaffee und Kuchen stand Matilda auf und sagte, dass es Zeit sei, nach Hause zu gehen. Die Überraschung bei unseren Gastgebern war groß. „Ihr seid doch gerade erst gekommen. Warum wollt Ihr denn schon gehen? Wir hatten uns auf einen schönen Nachmittag und Abend mit Euch gefreut. Wir haben auch etwas fürs Abendessen vorbereitet."

Matilda trägt ihr Herz auf der Zunge und hält mit nichts zurück, was sie bewegt. „Wir haben ein deutliches Zeichen bemerkt, und wir haben verstanden, dass es Zeit ist, zu gehen." Das verstanden unsere Freunde überhaupt nicht. Sie waren ratlos und fragten, womit sie uns verärgert hätten. „Na, guckt doch. Da liegt ein umgedrehter Pantoffel. Deutlicher geht es doch nicht." Die beiden sahen sich an, zuckten mit den Schultern, machten fragende Gesichter und wussten mit der Bemerkung über den Pantoffel nichts anzufangen. Nun blieb Mabel nichts anderes übrig, als den beiden zu erklären, welche Bewandtnis es mit dem Pantoffel hat.

Die beiden brachen in lautes Gelächter aus und erklärten, dass sie von der besonderen Bedeutung eines umgedrehten Pantoffels nichts wüssten und Miou, ihre Katze, noch viel weniger. Die Katze hätte Antraniks Pantoffel hervorgeholt, damit gespielt und ihn dann an der Stelle liegen gelassen, wo er jetzt lag und - unglücklicherweise - noch mit der Sohle nach oben.

Nun war es auch an uns, befreit aufzulachen. Wir setzten uns wieder und genossen einen schönen und unterhaltsamen Nachmittag und Abend. Mit Antranik und Araxi entwickelte sich eine enge und vertraute Freundschaft, und jedes Mal, wenn wir uns trafen, lachten wir wieder über die Pantoffelgeschichte.

Führerschein

Bisher hatten wir immer alle Besorgungen, Einkäufe und Besuche bei Freunden und Verwandten mit dem Taxi gemacht. Mein Schwiegervater hatte nie einen Führerschein, da er vor seiner Pensionierung als Bankdirektor einen Dienstwagen hatte und von einem Chauffeuir gefahren worden war. Im Frühjahr 1959 beschlossen wir, ein Auto zu kaufen, und dafür würde ich eine Führerscheinprüfung machen müssen.

Wir kauften einen himmelblauen Vauxhall Victor aus zweiter Hand. Da ich ihn noch nicht fahren konnte, war der Verkäufer so zuvorkommend, den Wagen zu uns nach Hause und in die Einfahrt zu fahren.

So sah er aus, unser Victor, nur mit anderem Kennzeichen

Da es damals in Baghdad noch keine Fahrschulen gab, bat ich einen Fahrer der Taxifirma, deren Dienste wir immer in Anspruch nahmen, mir in ein zwei Stunden zu zeigen, wie man den Wagen fährt. Danach meldete ich mich zur Führerscheinprüfung an.

Zum festgesetzten Termin fuhr ich mit unserem Wagen, natürlich noch ohne den Besitz einer Fahrerlaubnis, zum Ort der Prüfung, einem Übungsplatz der Polizei etwas außerhalb der Stadt, einem Platz auf festgefahrenem Lehmboden mit ein paar Stahltonnen rundherum und zwei oder drei Landrovern und Jeeps der Polizei am Rande.

Die theoretische Prüfung bestand aus dem Abfragen der Bedeutung der wenigen Verkehrszeichen, die es gab. Die einzigen Verkehrsregeln waren, dass man rechts fuhr und dass in einem Verkehrskreisel derjenige die Vorfahrt hat, der schon im Kreisel ist. Selbst heute noch in Deutschland, sage ich im Stillen zu mir selbst, wenn ich mich solch einem Kreisel nähere: „Al usbuqīya lī min fi's-sāha". Nach anderen Vorfahrtsregeln wurde ich nicht gefragt, es gab sie sowieso nur ungeschrieben: Vorfahrt hat der mit den stärksten Nerven oder der lautesten Hupe. Unsere Hupe war nicht besonders laut, aber meine Nerven waren ganz in Ordnung und sind es immer noch. Dann wurde ich gebeten, die Motorhaube zu öffnen, zu zeigen, wo man Wasser und Motoröl nachfüllt und den Motorölmessstab herauszuziehen. Auch den Keilriemen musste ich zeigen und seinen Zweck erklären. Dabei wurde mir bedeutet, dass der Keilriemen meines Wagens es wohl nicht mehr allzu lange machen würde und ich mir lieber bald einen neuen montieren lassen sollte.

Dann kam die praktische Prüfung. Die bestand nicht etwa darin, meine Fahrtüchtigkeit im Straßenverkehr zu prüfen, sondern darin, dass ich auf einem vorgezeichneten Parcours des Platzes eine Acht vorwärts und eine rückwärts fahren sollte. Vorwärts machte in das problemlos und einwandfrei. Rückwärts meinte ich leichtsinnigerweise, das genauso problemlos mit Schwung machen zu können. Der Schwung war leider etwas zu heftig, denn ich stieß, glücklicherweise nicht zu heftig, mit meiner hinteren Stoßstange an einen der Polizeijeeps. Natürlich dachte ich schon, ich hätte es versemmelt und könne den Führerschein erst mal für ein paar Wochen vergessen. Doch die Polizisten hatten Humor, krümmten sich vor Lachen und sagten mir, da kein Schaden entstanden war, ich solle es noch einmal versuchen. Das machte ich dann verständlicherweise sehr viel vorsichtiger und so, dass ich die Fahrprüfung bestanden hatte.

Ein paar Tage später konnte ich dann meine Fahrerlaubnis gegen Bezahlung einer bescheidenen Gebühr bei der Führerscheinstelle der Polizei abholen.

Übersinnliches

Zwei Jahre vor der Geburt unserer Tochter Schirin war Mabel schon einmal schwanger, hatte aber leider eine Fehlgeburt. Sonst hätte Schirin einen älteren Bruder gehabt. Jüdische Nachbarn in Baghdad, ein Haus weiter von uns, erfuhren davon und hatten, als sie uns trafen, eine sehr einfache Erklärung dafür. „Ihr habt Katzen im Haus. Die mögen es nicht, wenn sie die menschliche Zuwendung mit einem kleinen Kind teilen müssen." So einfach ist die Welt. Die Katzen haben es bewirkt.

Sie hatten einen Papagei und keine Kinder. Der Papagei war ziemlich laut und manchmal sogar bis zu uns herüber zu hören, wenn er im jüdisch-arabischen Dialekt etwas krächzte, was man nicht als Kosewörter bezeichnen konnte. Wir haben sie nicht gefragt, ob Papageien und Katzen die gleichen übersinnlichen Kräfte besitzen.

Weisheit

An einem warmen Sommerabend, die Tageshitze versprach, sich auf erträgliche Grade im unteren bis mittleren Dreißigerbereich zu mäßigen, beschlossen wir, im Garten zu grillen. Um meiner Schwiegermutter das Kochen von Reis zu ersparen, erbot ich mich, Fladenbrot zu holen. Ich fuhr daher zum Fladenbrotbäcker in einer Seitenstraße des Masbah-Marktes, wo einige Leute schon die gleiche Idee hatten, und sich daher eine kleine Schlange vor der einfachen Durchreiche vor dem Lehmofen gebildet hatte. Ich konnte beobachten, wie dem Bäcker ein Klumpen Teig gereicht wurde, er ihn kunstfertig über seiner Hand drehte und kreisen ließ, bis er, perfekt gerundet, Fladengröße erreichte. Dann kam er auf ein mit weißem Stoff bezogenes rundes, leicht gewölbtes Kissen, mit dem er den Fladen an die heiße Innenwand des Lehmofens klatschte, wo schon einige andere Fladen langsam Blasen bildeten, bis sie knusprig gar und verkaufsfertig waren. Der Kunde, der vorn als nächster bedient werden sollte, bekam die Anzahl Fladen, die er wünschte, zahlte, und der nächste Kunde wartete, bis die Anzahl Fladen für ihn bereit war, die er kaufen wollte.

Ich rückte in der Reihe vor und bemerkte, als ich nah genug war, durch die Öffnung der Durchreiche über dem Lehmofen, einen attraktiv gerahmten Text auf grünem Grund in schöner arabischer Kalligraphie. Ich las ihn und fand ihn so bemerkenswert, dass ich ihn mir merkte und ihn über die sechs Jahrzehnte seitdem nicht vergessen habe.

Es war ein Ausspruch des Imam *'Ali ibn Abi Talib*, des Vetters und Schwiegersohns des Propheten Mohammed und vierter und letzter der Rechtgeleiteten Kalifen. Er lautete:

> Die Zeit besteht aus zwei Tagen.
>
> Ein Tag ist für dich und einer gegen dich.
>
> Wenn er für dich ist, werde nicht übermütig,
>
> und wenn er gegen dich ist, habe Geduld,
>
> denn beide Tage werden vergehen.

Beim Kababessen im Garten rezitierte ich dann den Spruch und nannte seinen Autor, was meine Schwiegermutter in ihrer direkten Art zu dem Kommentar veranlasste: „Ja, Muslime haben manchmal auch weise Sprüche."

Der Spruch ist so banal, wie er weise ist. Ich habe ihn seitdem für viele Menschen aus dem Freundeskreis oder der Verwandtschaft aufgeschrieben, und die Meisten fanden ihn trostreich und beherzigenswert. Auch ein Einkauf beim Bäcker kann zu geistiger Bereicherung beitragen.

Auf die Spitze getrieben

Der Straßenverkehr in orientalischen Städen ist überwiegend abenteuerlich und chaotisch. Mein Schwiegervater berichtete von einer Taxifahrt in Teheran in den Fünzigerjahren des letzten Jahrhunderts. Der Fahrer fuhr mit stark überhöhter Geschwindigkeit zickzack und Slalom, überholte links und rechts, wo immer sich die kleinste Lücke bot, und mein Schiegervater, besorgt und beunruhigt, fragte den Fahrer, ob er sich umbringen wolle und ihn, seinen Fahrgast, gleich mit. Die Antwort des Fahrers war: „Mein Herr, ich bin schon tot."

Die Araber haben das Sprichwort: Der Durchnässte fürchtet den Regen nicht. Die Perser scheinen diese Weisheit auf die Spitze zu treiben.

Andere Präferenz

An einem späten Donnerstag Nachmittag, ich kam gerade von einem Kundenbesuch, traf ich in der Rashid Street Husein A., eines der prominenten Mitglieder des Präsidiums der Baghdader Handelskammer. Ich kannte ihn schon seit dem Beginn meines Aufenthaltes in Baghdad, als er mich gemeinsam mit einem etwas älteren Kollegen aus der Firma, bei der ich damals beschäftigt war, zu sich in sein Haus in Karradah eingeladen hatte.

Damals hatte mein Kollege mich darauf aufmerksam gemacht, dass Husein A. homosexuell sei und schon einmal eine vergebliche Annäherung bei ihm versucht hätte, und dass ich jetzt vielleicht Ziel eines Annäherungsversuches sein könne. Natürlich geschah damals im Beisein meines Kollegen nichts derart, und wir betrachteten die damalige Einladung als taktisches Vortasten.

Das war vor etwa vier Jahren. An diesem Donnerstag Nachmittag begrüßte er mich freundlich und lud mich auf einen Tee in sein nahe gelegenes Büro ein. Ich vermutete, dass dort noch seine Angestellten bei der Arbeit seien, oder wenigstens der Office Boy, um einen Tee zuzubereiten und zu servieren, und nahm die Einladung an. Es war allerdings eine Überraschung, als ich sah, dass er die Bürotür aufschließen musste und schloss daraus, dass wir dort allein sein würden.

Wir betraten einen wohnlich eingerichteten Empfangsraum, möbliert mit einem Zweisitzersofa, drei Sesseln und zwei Beistelltischen. An den Wänden hingen ein paar Plakate und ein Kalender mit Abbildungen von Ventilatoren eines bekannten und im Irak gut eingeführten japanischen Fabrikates, für das Herr A. die Alleinvertretung hatte. Er bat mich, auf dem Sofa Platz zu nehmen. Sein Office Boy sei leider auch schon, wie die anderen Angestellten, gegangen, da sie heute am Donnerstag, dem Vortag des wöchentlichen Feiertags, schon etwas früher Feierabend machten. Er könne mir daher leider keinen Tee mehr anbieten und fragte, ob es auch ein Kaltgetränk sein könne, eine Cola, ein Orangensaft oder ein Whisky Soda. Für Whisky war es mir noch zu früh, und ich entschied mich für ein Glas Orangensaft.

Der Saft stand bald auf dem Beistelltisch vor mir. Husein A. mixte sich einen Whisky Soda mit einem Eisürfel und setzte sich damit neben mich auf das Sofa. Er erkundigte sich nach meiner Situation, nach meinen Geschäften, in welche Richtung die gingen, ob sie gut liefen, und ob es vielleicht Möglichkeiten einer Zusammenarbeit gäbe. Ich gab Auskunft und berichtete, dass ich jetzt verheiratet sei, in der Hoffnung, dass es ihn von den erwarteten Avancen abhielte. Diese Hoffnung erfüllte sich jedoch nicht. Bald schob er seine rechte Hand auf meinen linken Oberschenkel und versuchte, mich dort zu streicheln. Ich gab mich naiv und tat, als ob ich nicht wüsste, um was es ihm ging, schob aber sanft seine Hand von mir fort und sagte, dass ich nun bald gehen müsse, da meine Familie mit dem Abendessen auf mich warte. Auf seinen Einwand, dass ich doch zu Hause anrufen und sagen könne, dass ich etwas später käme, erfand ich schnell Gäste, die wir zum Abendessen erwarteten und die auch mit meiner Anwesenheit rechneten.

Ich griff nach meinem Aktenkoffer, den ich neben dem Sofa abgestellt hatte, bedankte mich für das freundliche

Gespräch und verabschiedete mich von ihm. Ich bemühte mich, ohne übertriebene Hast zu gehen, was mir wohl auch einigermaßen gelang.

Zuhause berichtete ich, wie es mir ergangen war. Mein Schwiegervater amüsierte sich über meinen Bericht, lachte laut und meinte anerkennend, dass ich mich klug und taktvoll aus der Affäre gezogen hätte.

Im erweiterten Kreis unserer Familie war eine Frau Lesbe. Das war bekannt, wurde unaufgeregt zur Kenntnis genommen und nicht moralisch kommentiert. Es war auch nichts, was den Umgang mit ihr in irgend einer Weise beeinflusst hat.

Wenn von einer Person bekannt war, dass sie bisexuell ist, sagte man ganz pragmatisch, er oder sie sei AC/DC (englische Bezeichnungen für den elektrischen Strom, d.h. AC = alternative current = Wechselstrom, DC = direct current = Gleichstrom).

Homosexualität ist im Orient, und ist es heute noch mehr als damals vor rund sechzig Jahren, in weiten Kreisen ein Tabuthema, ist in allen Ländern dort verboten und wird hart bestraft. Manche orthodoxen und stockkonservativen Muslime behaupten, teils wider besseres Wissen, dass es eine aus dem Westen importierte Dekadenz sei und unterschlagen die Tatsache, dass es Homosexualität immer und überall und in allen Gesellschaften gibt und gegeben hat.

Im Mittelalter sind die Muslime damit sehr viel toleranter, unverkrampfter und selbstverständlicher umgegangen, als das heute der Fall ist. Die großen Dichter, wie Hafis, Saadi und andere fanden nichts dabei, auch Gedichte zu schreiben, in denen das Objekt der Liebe männlich war.

> Er, dessen süße Wange sich
>
> von lauterm Wasser nährt,
>
> auf seinen Lippen Zucker schaut
>
> mit Neid, wer Zuckerrohr verzehrt.

Dieses kurze Gedicht des persischen Dichters Muslih ad-Din Saadi (1192 – 1292) aus seinem „*Rosengarten*" (Übersetzung Karl Heinrich Graf) zitiere ich hier nur als ein Beispiel.

Ein sprachlicher Aspekt führt auf die Fährte, zu untersuchen, welche herausragende Rolle bei dem Thema Homosexualität im Orient die Religion spielt. Für *homosexuell* gibt es in der arabischen Sprache das Wort *lūṭī*, abgeleitet vom Namen der biblischen Figur des *Lot* (arabisch: *lūṭ*). Das Überraschende dabei ist, dass Lot nicht homosexuell war, sondern – im Gegenteil – Männer seiner Umgebung von homosexuellen Handlungen abhalten wollte und ihnen Strafen Gottes androhte. Als Erklärung, dass sein Name für den Begriff *homosexuell* herhalten musste ist, ist zu vermuten, dass Homosexualität in Bibel und Koran im Zusammenhang mit seinem Namen erwähnt wird, die homosexuell Handelnden aber anonym bleiben und Lots Name der einzige ist, der erwähnt wird und in diesem Sinne irgendwie nutzbar wäre.

Im Koran nimmt Lot, insbesondere in Verbindung mit dem Thema Homosexualität, breiten Raum ein. An Stellen in fünf verschiedenen Suren und in insgesamt 40 Versen wird das Thema behandelt, und Strafen Gottes werden denen angedroht, die dem Verbot der Homosexualität zuwider handeln. Gott selbst droht die Strafen an, und Lot ist in diesem Sinne – der Vermittlung und Verstärkung von Gottes Drohung – Gottes Werkzeug. Das könnte den Schluss nahe legen, dass im Arabien der *Dschahiliya*, der vorislamischen „Zeit der Unwissenheit" bis zum siebten Jahrhundert, Homosexualität ein verbreitetes gesellschaftliches Phänomen war und mit Aufkommen des Islam als Problem wahrgenommen wurde, und diese Wahrnehmung als Problem hat sich in religiösen Kreisen des Islam bis heute gehalten.

Kunya

Der arabische Begriff *Kunya* wird in Wörterbüchern ungenau und ungenügend mit „Spitzname" übersetzt. Es ist ein Ausdruck von Respekt bei der Anrede einer Person mit dem Namen des ältesten Sohnes als „*Abu* So-und-so" (Vater von So-und-so) oder „*Umm* So-und-so" (Mutter von So-und-so).

Auf einer Marokkoreise machten wir einen Rundgang durch Rissani, eine Kleinstadt im Südosten des Landes, auf der Ostseite des Atlasgebirges am Rande der Sahara. Ein Berber in der traditionellen blauen Dschellabiya, dem hemdartigen Gewand, mit einer Umhängetasche vor dem Bauch folgte uns und versuchte, uns Berberschmuck, den er in der Tasche trug, zu verkaufen. Als er merkte, dass ich Arabisch sprach, wich er mir nicht mehr von der Seite. Ich fragte ihn nach seinem Namen, und als er sagte, er hieße Mohammed, sprach ich ihn mit „*Abu Qāssim*", der Kunya des Propheten Mohammed an, da ich wusste, dass die meisten Muslime mit dem Namen Mohammed, ihren ersten Sohn, wie der Prophet es getan hatte, in dementsprechend traditioneller Namensfolge *Qāssim* nennen. Eine größere Überraschung hätte ich ihm nicht machen können. Er sah mich mit großen Augen an und fragte mich, ob ich Moslem sei. Er war offenbar der Meinung, nur ein Moslem könne das Wissen um die Kunya des Propheten Mohammed haben. Ich verneinte, erklärte ihm aber, dass ich viele Jahre im Irak gelebt und daher auch mein Wissen hätte. Auf jeden Fall fühlte er sich in seiner Identität, seiner Kultur und seinem Glauben so verstanden, so angenommen und respektiert, dass wir ihn während unseres ganzen Stadtrundgangs als Begleiter hatten und er mir unbedingt eine schöne Berberkette verkaufen wollte, die ich mir als Erste aus seinem Bestand, allerdings ohne Kaufabsicht, angesehen hatte. Ich blieb bei meiner Aussage, dass ich nichts kaufen wolle, was ihn nur dazu veranlasste, seinen Preis nach und nach immer mehr zu reduzieren. Am Ende wurde der Preis so gering, dass ich fürchten musste, dass er mir die Kette schließlich schenken würde. Dieses Opfer wollte ich ihm aber nicht zumuten. Ich kaufte die Kette, ein sehr schönes Stück aus Silber mit einem Anhänger aus Onyx. Diese Episode macht den Stellenwert der Kunya bei den Arabern deutlich.

Allerdings wollte der Prophet Mohammed gemäß einem Hadith nicht mit seiner Kunya genannt werden, sondern man sollte ihn mit seinem Namen anreden. Nach seinem Tode fühlten sich die Muslime jedoch nicht mehr an dieses Gebot gebunden.

Natürlich wusste ich um die Tradition und Bedeutung der Kunya schon aus den vielen Jahren meines Lebens in Baghdad. Ich selbst wurde dort nach der Geburt meiner Tochter von vielen der Menschen, die mich kannten, mit meiner Kunya „*Abu Schirin*" angeredet. Meine Schwiegereltern hatten die Kunya „*Abu Philip*" und „*Umm Philip*" nach ihrem ältesten Sohn Philip, obwohl meine Frau, ihre Tochter Mabel, ihr ältestes Kind war. Das zeigt den Wert des Sohnes gegenüber der Tochter und ganz allgemein den Wert des Mannes gegenüber der Frau. Wir Deutsche sollten uns da aber mit Kritik zurück halten. Auch bei uns wird die Geburt eines Sohnes als die eines Stammhalters gefeiert. Von einer Stammhalterin hat bei uns noch niemand gehört. Mir ist ein Fall bekannt, in dem ein Mann seine Frau nach der Geburt einer Tochter nicht im Krankenhaus besucht hat und die Tochter nicht sehen wollte, aus Enttäuschung darüber, dass es kein Sohn war, so geschehen in Deutschland Mitte des 20. Jahrhunderts. Das heißt nicht, dass wir darüber hinwegsehen können, dass in anderer Hinsicht in einigen Ländern des Orients Frauen in einer Art und Weise missachtet und unterdrückt werden, dass es zum Himmel schreit.

Bei den muslimischen Arabern geht es noch einen Dreh weiter. Sie werden, sofern ihr Name in das Schema der traditionellen Namensfolgen passt, oft schon mit einer Kunya benannt, obwohl sie noch gar keinen Sohn haben. Ein prominentes Beispiel dafür ist der Palästinenserführer Yassir Arafat (1929-2004), der auch unter seiner Kunya *„Abu 'Ammār"* bekannt war, obwohl er noch keinen Sohn hatte, und selbst als er in späteren Jahren Vater einer Tochter wurde, behielt er die Kunya *„Abu 'Ammār"*. Das hatte seinen Grund in der traditionellen Namensfolge. Einer der Gefährten des Propheten Mohammed war *'Ammār bin Yāssir b. 'Āmir b. Mālik*. Daraus hat sich dann ergeben, dass die Kunya von Yassir *„Abu 'Ammār"* wurde. In der deutschen Presse wurde damals oft geschrieben, *„Abu 'Ammār"* sei Yassir Arafats „Kriegsname". Das war Unsinn und resultierte aus der Unkenntnis arabischer Tradition.

Es gibt zahlreiche dieser traditionellen Namensfolgen. Sie ergeben sich aus der Geschichte und der Religion. *'Ali ibn Abi Tālib*, Vetter und Schwiegersohn des Propheten Mohammed, war der Vierte und Letzte der sogenannten rechtgeleiteten Kalifen und der Erste der schiitischen Imame. Seine Söhne Hassan und Husein waren der Zweite und der Dritte in der Reihe dieser Imame. Hassan war der Ältere der beiden, aber da Husein in der Schlacht bei Kerbela durch die Übermacht der Krieger des Umayyadenkalifen Yezid getötet wurde, wurde er zum Märtyrer, dessen Tod heute noch von den Schiiten jedes Jahr am 10. Muharram betrauert wird. Dadurch wird Husein von vielen Schiiten dem Hassan vorgezogen, und es ergibt sich, dass ein Mann mit dem Namen ʿAli seinen ältesten Sohn oft Husein nennt. Für einen Vater mit dem Namen ʿAli ergibt sich dadurch die zweifache Möglichkeit einer Kunya, „*Abu Hassan*" oder „*Abu Husein*". Eine Absonderlichkeit ist die Kunya „*Abu Dschauād*" für *Kadhim*, den siebten Imam der Schiiten, obwohl *Dschauād*, der neunte Imam, nicht der Sohn sondern der Enkel Kadhims war. Der Grund dafür ist wahrscheinlich, dass beide ihr Grab in der Moschee von Kadhimain bei Baghdad gefunden haben. Kadhimain ist ja auch der Dual von *Kadhim*, das heißt, hier sind die Beiden als die beiden Kadhims gemeint.

Weitere Namensfolgen sind die einiger Propheten aus der hebräischen Bibel, wie z.B. bei *Daoud* „*Abu Sulaymān*" (David, Vater von Salomo), bei *Yaʾqūb* „*Abu Yūsuf*" (Jakob, Vater von Josef), *Ibrahim* „*Abu Ishāq*" (Abraham, Vater von Isaak), oder „*Abu Ismail*" (Vater von Ismael). Bei den beiden Letzteren ergibt sich eine Besonderheit, dass in Baghdad die Kunya für *Ibrahim* sehr oft „*Abu Khalil*" ist. Den Grund dafür weiß ich nicht. Es könnte damit zusammen hängen, dass sowohl bei Arabern wie bei Juden Abraham/Ibrahim als „Freund Gottes" (arabisch: „*Khalil Allāhi*") genannt wird, und die Stadt Hebron, in der sich das Grab Abrahams befindet, auf arabisch „*Al-Khalil*" heißt. In Baghdad ist der Spitzname für einen Soldaten „*Abu Khalil*", und wenn ein Militärfahrzeug auf einer Straße unterwegs ist, warnen die anderen Verkehrsteilnehmer einander und mahnen zur Vorsicht: da kommt „*Abu Khalil*", weil die Fahrer von Militärfahrzeugen wegen ihrer aggressiven und rücksichtslosen Fahrweise berüchtigt sind.

Im Eingangstext unter „Ausländeramt" habe ich den Schriftsteller Abbas Khider erwähnt. Er und sein Vater (Khider) passen in das System der traditionellen Namensfolgen. Dem als sprichwörtlichen Helfer und Retter bekannten mythologischen „*Al-Khidhr*" (siehe „Rettung", Seite 52) wurde die Kunya „Abu'l ʿAbbās" zugeschrieben, und seitdem hat jeder *Khidhr* (oder wie hier *Khider*) diese Kunya und nennt seinen Sohn fast immer ʿAbbās.

Eine negative Form der Kunya habe ich in Baghdad bei einem Kundenbesuch erlebt. Ich saß bei ihm im Laden, als ein anderer Mann hereinkam und ihn mit „*Abu Ghāyeb*" begrüßte. Der Ladeninhaber war schon mehrere Jahre verheiratet, hatte aber noch keine Kinder und wurde deshalb, für mein Verständnis sehr taktlos, „Vater des Abwesenden" genannt.

Im Mittelalter legten sich viele Herrscher noch eine besondere Art der Kunya zu, um sich damit ein noch ehrenwerteres Image zu geben. Beispiele dafür sind „*Abu'l-Nasr*" (Vater des Sieges), „*Abu'l-Fath*" (Vater der Eroberung), „*Abu'l-Jaysch*" (Vater des Heeres), „*Abu'l-Barakāt*" (Vater der Segnungen), „*Abu'l-Fauāris*" (Vater der Ritter) und viele andere, wie es auf alten islamischen Münzen oft belegt ist.

Ich hatte in meiner früheren Sammlung islamischer Münzen einen bis dahin unveröffentlichten Dinar des Abbasidenkalifen *Al-Mustakfi billāh*, der von 944 bis 946 nur ungefähr ein Jahr und vier Monate Kalif war. Auf der Münze wurde zusammen mit dem Kalifen der Befehlshaber *Tuzūn* mit seiner Kunya „*Abu'l-Wafa*'" (Vater der Treue) genannt. Diese Treue war allerdings geheuchelt, denn *Tuzūn* war der eigentliche Machthaber, und die Rechte des Kalifen beschränkten sich darauf, dass Freitags sein Name im Gottesdienst erwähnt wurde und dass Münzen in seinem Namen geprägt wurden.

Dinar des Kalifen Al-Mustakfi billāh, Medinat as-Salām (Baghdad), aus dem Jahr 334 AH (945/46 n.Chr.)

Es gibt auch Arten der Kunya, die tatsächlich eher den Charakter eines Spitznamens haben, wenn sie sich auf äußere Körpermerkmale eines Mannes beziehen, wie „*Abu'l-Lahya*" für den Träger eines Backen- oder Vollbartes, „*Abu'l-Schauāreb*" für einen Schnurrbärtigen, oder gar für einen sprichwörtlichen Geizhals, wie den Abbasidenkalifen *Al-Mansūr* (er war der Gründer der Stadt Baghdad und herrschte von 754 bis 775), der „*Abu'l-Dauāniq*"

„Vater der Pfennige" genannt wurde. In Deutschland hätten wir ihn einen „Pfennigfuchser" genannt.

Noch eine andere Form der Kunya ist es, wenn Tiere, Gegenstände oder gar ein Himmelskörper mit ihr charakterisiert werden. Das Kamel trägt die Kunya „*Abu Ayyūb*" als Beinamen, weil es ein Tier mit der Geduld Hiobs ist (Hiob = arabisch *Ayyūb*). Der Wolf hat die Kunya „*Abu Dscha'da*" wegen des lockenhaarigen Fells, und der Fuchs wird wegen seiner listigen Art auch „*Abu Himbis*" genannt. Eine andere Kunya für ein Tier ist „*Abu Qā*" und ist in keinem Wörterbuch zu finden. Im Irak nennt man die Krähe so, wobei das „*Qā*" lautmalerisch für das Krächzen der Krähe steht.

Die Ägypter nennen die Sphinx bei der Pyramide von Gizeh „*Abu'l-Haul*" (Vater des Schreckens). Bis im Jahre 1817 die Sphinx gänzlich freigelegt wurde, war sie zum größten Teil von Sand bedeckt, und nur der Löwenkopf war sichtbar. Dieser Löwenkopf wurde im Aberglauben der Betrachter als Schrecken und Unglück verheißend gesehen.

Als letztes Beispiel dieser Art nenne ich „*Abu Dheneb*" (Vater des Schweifes) für einen Kometen.

Es gibt wohl keine andere Sprache als die arabische, in der der Vater so oft genannt wird. Der Phantasie dafür sind fast keine Grenzen gesetzt.

Die Geduld

Im Orient ist die Geduld eine besonders geschätzte und gepriesene Tugend, und die Orientalen sind nach meiner Erfahrung in der Regel, oder im statistischen Mittel, geduldiger als die Europäer.

Dort ist die Geduld Hiobs von besonders sprichwörtlicher Bedeutung. Wenn uns in Europa ein schlimmer Schicksalsschlag droht oder wir krank werden, beten wir und bitten Gott um Hilfe und um Heilung. Im Orient bitten die Menschen, egal ob Muslime oder Christen: „Oh Gott, gib mir die Geduld Hiobs."

Sowohl in der Hebräischen Bibel wie im Koran, wird von Hiob / *Ayyub* und den ihm auferlegten Prüfungen berichtet, in der Bibel sehr viel ausführlicher als im Koran. Was im Koran gegenüber der Bibel fehlt, wird allerdings zu großen Teilen in den Hadithen des Propheten Muhammed und in Berichten einiger mittelalterlicher Gelehrter des Islam, wie *Al-Buchārī* (810 bis 870) und *Ibn Kathīr* (um 1300 bis 1373) ergänzt. Die biblische Erzählung über *Ayyub*, wie er bei den Arabern heißt, ist also auch im Islam bekannt und gehört zum Glauben.

Hiob wird in der Hebräischen Bibel als rechtschaffen, gottesfürchtig und das Böse meidend beschrieben und reicher als alle, die im Osten wohnten. Diese Rechtschaffenheit reizte Satan, der zu Gott meinte, dass Hiob nur deshalb gottesfürchtig sei, weil Gott ihn und seine Habe beschützt und gesegnet habe, aber Gott absagen werde, wenn das, was er habe, angetastet würde. Daraufhin erlaubte Gott Satan, Hiob durch Verlust seiner Habe zu prüfen, aber nicht an ihn selbst Hand anzulegen.

Danach erreichten Hiob Schlag auf Schlag die Nachrichten, dass an verschiedenen Orten seine Herden geraubt, seine Knechte erschlagen, andere Herden mit den Knechten durch Feuer vom Himmel vernichtet wurden und das Haus seiner Kinder durch einen großen Wind aus der Wüste zusammenstürzte und seine Bewohner erschlug. Hiob trauerte und rief: „Der Herr hat's gegeben, der Herr hat's genommen; der Name des Herrn sei gelobt!". Er sündigte also nicht wieder Gott. (Luther-Übersetzung der Bibel). Solche schlimmen Nachrichten sind das, was wir in Europa sprichwörtlich als *Hiobsbotschaften* bezeichnen.

Gott lobte Hiob wegen seiner Frommheit, Rechtschaffenheit und Gottesfürchtigkeit gegenüber Satan, doch dieser erwiderte, Hiob werde Gott wohl absagen, wenn sein Gebein und Fleisch angetastet würden. Daraufhin erlaubte Gott Satan, Hiob mit Krankheit zu schlagen, doch sein Leben zu schonen. Satan schlug ihn darauf „mit bösen Geschwüren von der Fußsohle an bis auf seinen Scheitel". Hiobs Frau fragte ihn daraufhin, ob er weiter an seiner Frömmigkeit festhalte. Er solle doch Gott absagen und sterben, worauf Hiob erwiderte: „Haben wir Gutes empfangen von Gott und sollten das Böse nicht auch annehmen?" Auch hier versündigte er sich nicht. (Luther-Übersetzung der Bibel)

Im Koran wird die Erzählung über Hiob, bzw. dort *Ayyub*, nur sehr allgemein, in Sure 38, Vers 40 bis 44, wiedergegeben. In Vers 44 wird besonders seine Geduld hervorgehoben. In Sure 21, Vers 83 und 84 wird er als einer der Propheten genannt. Im Alten Testament ist Hiob kein Prophet.

Das Buch Hiob in der Hebräischen Bibel ist eine sehr zwiespältige Geschichte. Auf der einen Seite wird Hiob durch die Standhaftigkeit und Unerschütterlichkeit seines Glaubens an Gott als Vorbild für die Menschen dargestellt. Auf der anderen Seite wird in menschlich krämerseelenhafter Weise beschrieben, wie Gott mit dem Teufel eine Wette über die Standhaftigkeit Hiobs im Glauben an ihn abschließt, so als ob er es nötig hätte, sich seine Göttlichkeit durch den unerschütterlichen Glauben eines Menschen an ihn bestätigen zu lassen.

Im Koran wird diese als negativ zu deutende Darstellung Gottes dadurch vermieden, dass die Geschichte sehr allgemein und vage umschrieben und besonders die Vorbildhaftigkeit Hiobs (*Mahnung an Verständige*) hervorgehoben wird:

Hiob

Gedenk auch unsres Knechtes Hiob, wie er rief / Zu seinem Herrn: Mich hat berührt der Satan / Mit Ungemach und Pein. - / Stampfe mit Deinem Fuße! – Dis / Ist kühles Bad und Trank. / Wir gaben ihm auch sein Gesinde, / Und noch einmal soviel dazu, / Gnade von uns und Mahnung an Verständige. / „Nimm auch mit deiner Hand den Blätterbüschel / Und schlag damit, daß du den Schwur nicht brechest!" / Denn wir befanden ihn geduldig; / Ein guter Knecht! Denn er ist eifrig. (aus dem Koran in der Übersetzung von Friedrich Rückert, 38. Sure, Vers 40 bis 44)

Der unterschiedliche sprichwörtliche Gebrauch des Namens Hiob oder *Ayyub* (arabisch für Hiob) wird durch eine bemerkenswerte Tatsache deutlich. In Europa kommt der Name Hiob für ein männliches Kind nicht vor. Kein Elternpaar würde einen Sohn nach einem Empfänger schlimmer Nachrichten nennen. Im Orient ist dagegen *Ayyub* ein häufiger männlicher Name, da er dort mit Geduld, also mit einer Tugend, verbunden wird. Im Arabischen gibt es auch die Namen *Sabri* (der Geduldige) und *Sabriya* (die Geduldige). Mir ist keine Entsprechung dieser Namen in einer europäischen Sprache bekannt.

Ein arabisches Sprichwort sagt: *Die Geduld ist ein unerschöpflicher Schatz.*

Dankbarkeit

Auf einer Iranreise beobachtete ich, dass viele Autos, sowohl PKWs wie auch Busse, Kleinbusse oder Lastwagen, mit großen, deutlichen Beschriftungen versehen waren, mit denen die Besitzer dieser Fahrzeuge einem der zwölf schiitischen Imame, sozusagen stellvertretend für Gott, ihre Dankbarkeit ausdrückten, dass es ihnen ermöglicht worden war, das Fahrzeug zu erwerben und zu besitzen, besonders auch, weil vielen dieser Besitzer damit ermöglicht wird, ihren Lebensunterhalt zu verdienen. Bei PKWs ist es meistens das Heckfenster, bei größeren Fahrzeugen meistens eine Seitenwand des hinteren Teils oder eine Seite der Kühlerhaube, wo die Beschriftung zu sehen ist, bei manchen offenen Lastwagen auch die Rückseite der Fahrerkabine.

Am häufigsten sieht man dabei die Namen des Imam *'Ali*, des ersten, und des Imam *Ridha* (persisch *Reza*), des achten in der Reihe der zwölf Imame, *'Ali* (*'Ali ibn Abi Talib*, Vetter und Schwiegersohn des Propheten Mohammed), weil er der Stammvater der anderen elf Imame und damit Begründer der Schi'a, der schiitischen Richtung des Islam war, und *Ridha* wahrscheinlich, weil er der Einzige war, der seine Grabstätte im Iran, in der Stadt Meschhed hat, wodurch Meschhed ein berühmter Wallfahrtsort im Iran geworden ist. Sechs der anderen Imame sind in einer der Moscheen der vier den Schiiten heiligen Städte im Irak (Nedschef, Kerbela, Samarra und Kadhimain) bestattet worden, und vier auf dem Baqi'-Friedhof in Medina in Saudi-Arabien).

Die Beschriftungen auf den Fahrzeugen sind meistens bunt, sehr groß und deutlich lesbar, manche in etwas ungelenker Schrift mit Fahrzeuglack, viele aber in kunstvoller Kalligraphie aufgetragen.

In der Innenstadt von Yezd sah ich einen PKW, dessen Rückfenster nicht mit einer Dankbekundung sondern mit dem in höchster kalligraphisch-künstlerischen Vollendung aufgetragenen Vers einer Koransure versehen war, so kunstvoll verschnörkelt und verschlungen, dass ich sie nur in Teilen lesen konnte. oben links „*bismillāh ar-Rahmān ar-Rahīm*" (Im Namen Gottes, des Gnädigen, des Barmherzigen).

In Schiraz, im Süden des Landes, auf einer Stadtrundfahrt mit einer deutschen Reisegruppe in einem Kleinbus sah ich einen Kleinwagen und las auf dessen Rückfenster den Namen *Hatem Tai*. Ich wusste, dass dieser *Hatem Tai* ein sagenhafter Mensch im Orient gewesen ist, der für seine Freigebigkeit und Großzügigkeit sprichwörtlich geworden war. Der Autobesitzer wollte sozusagen *Hatem Tai*, stellvertretend für ein gütiges Schicksal, danken, das sich als so großzügig erwiesen hat, ihm die Anschaffung eines bescheidenen kleinen Autos zu ermöglichen.

Sein Name korrekt und vollständig ist *Ḥātim at-Ṭā'ī bin 'Abdallāh bin Sa'd*. Er lebte in der Gegend von *Ḥā'il*, der nördlichen Zentralregion der arabischen Halbinsel, in der zweiten Hälfte des sechsten Jahrhunderts. Er war Dichter und das Muster eines vorislamischen Ritters, zeigte Großmut gegenüber Besiegten und ist sprichwörtlich geworden für seine Freigebigkeit, Großzügigkeit, Gastfreundschaft und Hilfsbereitschaft.

In der arabischen Literatur wird seine Großzügigkeit oft beschrieben, und es geht sogar die Sage, dass er noch nach seinem Tode Reisende bewirtete, die seine Gastfreundschaft in Anspruch nahmen. Er ist dann aus seinem Grabe aufgestanden, hat ein Kamel geschlachtet, und sein Sohn *'Adī* wurde dann in einem Traum beauftragt, dass tote Tier zu ersetzen. Sein Grab war wahrscheinlich in *Tungha* im *Wādī Hā'il*, wo er gelebt hatte. Als Dichter hat *Ḥātim* überwiegend Verse zum Lob von Liberalität und Altruismus hinterlassen. Auch seine Frau *Māwwiyya* regte ihn zu einigen Gedichten an. Die Figur des *Ḥātim Ṭā'ī* wurde schnell populär in der arabischen Literatur, und viele Werke enthalten Schilderungen seiner sprichwörtlichen Großzügigkeit. Besonders auch in den östlichen Teilen der islamischen Welt wurde er eine sehr beliebte romantische Figur.

Der persische Dichter Saʻdī hat das folgende Gedicht über ihn geschrieben:

„Längst ist Ḥātim Ṭāʼī gestorben,

      doch bis in die fernsten Zeiten

glänzt durch seine edle Güte

      seines Namens heller Strahl.

Gib von deiner Habe Spenden:

      denn sobald die üppgen Ranken

durch den Winzer abgeschnitten,

      mehret sich der Trauben Zahl"

Auch Friedrich Rückert hat zwei Gedichte über *Ḥātim Ṭāʼī* geschrieben:

Das Maß der Freigebigkeit

Als Hatem Tai

Dem Armen, der um Eines bat,

Für Eins gab Zwei,

Verwies ihm seine Frau die That:

Du giebst ihm mehr als er vonnöten hat.

Doch Hatem sprach: Hat minder er

Vonnöten, habʻ ich desto mehr.

Nach seinem Maße misset jeder eben;

Nach seinem bittet er, nach meinem will ich geben.

Von *Ḥātim* selbst hat Friedrich Rückert ein Gedicht ins Deutsche übertragen:

> An sein Weib
>
> Abdallahs Kind und Maleks und jenes Mannes Sproß,
>
> Der trug die zwei Gewänder und ritt das rote Roß!
>
> Hast du die Kost bereitet, so hol auch nur herein
>
> Den Gast, der mit mir esse, denn nicht eß ich allein;
>
> Sei es ein Nachtanklopfer, sei es ein Hausnachbar,
>
> Denn üble Rede fürcht ich nach meinem Tod fürwahr.
>
> Ich bin der Knecht des Gastes, so lang er bei mir weilt;
>
> Sonst von der Art des Knechtes ist nichts mir zugeteilt!

Ein weiteres von Friedrich Rückert, übertragen aus der *Ḥamāsa* des *Abū Tammām*, der berühmtesten Sammlung mittelalterlicher arabischer Gedichte aus der ersten Hälfte des neunten Jahrhunderts ist das Folgende, das *Ḥatim Ṭāʾī* gegen des Egoismus geschrieben hat:

> Nicht laß ich mein Kamel verhängten Zügels laufen,
>
> um vor den übrigen die Tränke leer zu saufen.
>
> Auch schnür ich sein Gepäck nicht knapper, daß es leicht
>
> vorausrennt und mich nicht mein Mitgefährt erreicht.
>
> Wenn du ein Saumtier hast ein tüchtiges zu reiten,
>
> laß den Gefährten dir zu Fuß nicht nachschreiten;

Halt an und nimm ihn auf, wenn es euch beide trägt,

wo nicht, so wechselt ab im Reiten, wie man pflegt.

Omar Khayyam, Dichter, Philosoph, Mathematiker, Astronom und Kalenderwissenschaftler (1048 – 1123 n.Chr.) nennt den *Ḥātim* in einem seiner berühmten, von Friedrich Rosen übersetzten Vierzeiler:

Was auch vom Schicksal dir beschieden sei,

Begnüge dich damit und lebe frei!

Laß dir nichts bieten, und wär's von Rustem Sal,

Laß dir nichts schenken, und wär's von Hatim Tai!

Auch in der Rückertschen Übertragung der Makamen des Hariri wird beiläufig die Großmut des *Ḥātim Ṭā'ī* an zwei Stellen als beispielhaft genannt.

Übrigens, das schönste arabische Sprichwort, das ich kenne, gibt seine Haltung sehr gut wieder. Es könnte von ihm stammen: „Vom Segen geht nichts verloren".

Im ganzen islamischen Orient sind oft Fahrzeuge, besonders gewerblich genutzte, mit Dankbekundungen an Allah, den Propheten oder islamische Heilige verziert und beschriftet. Daher fiel mir auf der Fahrt durch Schiraz dieser Kleinwagen besonders auf, auf dem die Dankbekundung nicht Gott oder einer religiösen Persönlichkeit galt, sondern eben diesem *Ḥātim*, einer sprichwörtlichen vorislamischen Persönlichkeit. Der Besitzer dieses Wagens war ganz offenbar ein Individualist, der mit der Beschriftung seine säkulare Haltung ausdrücken, und sich von der im Iran sonst häufigen Religiosität und Frömmelei abgrenzen wollte. Es war ihm sicher bewusst, dass er das Missfallen vieler Menschen in seiner Umgebung erregt, wenn er statt Gott oder einem seiner Heiligen zu danken, seine Dankbarkeit gegenüber einem heidnischen Araber aus der *Dschahiliya*, der „Zeit der Unwissenheit" vor dem Islam ausdrückt.

Rettung

Frau B. war eine mit einem muslimischen Iraker verheiratete Deutsche, und sie war Lehrerin an der Deutschen Schule in Baghdad. Da meine Tochter Schirin Schülerin an dieser Schule war, erfuhr ich über andere Eltern von dem hier geschilderten Ereignis und erkundigte mich dann bei ihr selbst nach dem Geschehen.

Frau B. hatte morgens um 7:30 Uhr ihr Haus verlassen, um zu Fuß zu der nicht weit entfernten Schule zu gehen, um dort ihre Unterrichtsstunden zu geben. Sie hatte nur eine kurze Entfernung in ihrer zu dieser Zeit kaum belebten Seitenstraße zurückgelegt, als ein ihr vorher hinter einem Gartentor verborgener junger Mann auf sie zusprang und ihr ihre Handtasche entreißen wollte. Sie hielt ihre Tasche aber fest und schrie aus vollem Halse, so laut sie konnte: „*Ya Khidhr, sa'adni*" (Oh, *Khidhr*, hilf mir). Der Angreifer, offenbar so überrascht, dass eine Europäerin auf arabisch *Al-Khidhr* zu Hilfe rief, ließ ihre Tasche los und lief davon. Frau B., total geschockt und von dem Angriff auf sie aufgewühlt, ging so schnell sie konnte zurück zu ihrem Haus und berichtete ihrem Mann, der das Haus noch nicht verlassen hatte, aufgeregt von dem, was sie gerade erlebt hatte. Ihr Mann fragte sie erstaunt, wie sie darauf gekommen sei, *Al-Khidhr* zu Hilfe zu rufen. Sie antwortete ihm, dass er ihr einmal über diesen wundertätigen, mythischen und sprichwörtlichen Retter erzählt habe und sie in dieser Situation, ganz spontan und eigentlich ohne logische Erklärung dafür, einfach losgeschrieen hätte. Sie glaube ja gar nicht diese mythischen Legenden, habe aber wohl instinktiv vorausgesetzt, dass viele Araber diese Mythen glauben und von ihnen beeindruckt sind. Das hätte dann ja auch offensichtlich gewirkt, und dadurch sei *Al-Khidhr* tatsächlich ihr wundertätiger Retter geworden.

Ich habe mich später dieser Geschichte erinnert, wollte mehr über diese mythologische Figur erfahren und habe einige mir zugängliche Quellen benutzt, denen ich das hier Folgende entnommen habe.

Al-Khidhr (türkisch: Hızır) kann man als fiktive Figur bezeichnen, obwohl es im Orient weit verbreiteter Glaube ist, dass *al-Khidhr* wirklich existiert und auch jetzt noch – als Unsterblicher - lebt. *Al-Khidhr* wird in fast allen Ländern der islamischen Welt verehrt, und er wird angerufen und in Situationen großer Not um Hilfe gebeten. Er ist in der Vorstellung der Muslime der große Retter, Heiler und Tröster. Der berühmte arabische Historiker *aṭ-Ṭabarī* (839 – 923 n.Chr.) schrieb, als eine der vielen Legenden, dass sein eigentlicher Name *Balyā* gewesen sei, Sohn des *Malkān*, und er gibt – bisher in der Literatur über *al-Khidhr* wenig beachtet – über sieben Generationen mit den Namen der männlichen Vorfahren die Abstammung von Noah an. (*Ṭabarī, Ta'rīkh ar-Rusul wa'l Mulūk*, Band I, S. 415, arabisch)

Al-Khidhr (der Grüne) wäre danach sein Beiname. Oft wird er *Khidhr Ilyās* (Elias) genannt, wobei einige das als eine Person und andere als zwei ansehen, manche auch als Brüder. Diejenigen unter den Muslimen, die die beiden als Brüder, oder jedenfalls als zwei Personen sehen, glauben an eine Art Arbeitsteilung der beiden, wobei einer Retter auf dem Meer und der andere auf dem Festland ist. Ebenfalls bei *aṭ-Ṭabarī* findet sich ein Bericht, wonach *al-Khidhr* aus Persien stammt und Elias aus Israel, und dass die beiden sich jedes Jahr zu einem bestimmten Zeitpunkt treffen. Der überwiegende Glaube ist der, dass *Khidhr* der Retter an Land ist, was einer gewissen Logik entspräche, da ihm auch die Kraft zugeschrieben wird, trockene und verdorrte Vegetation ergrünen zu lassen. Besonders in der Türkei glaubt man, dass er – Hidreliez, wie er dort genannt wird – Fruchtbarkeit, reiche Ernten und Glück bringt. Dort wird – mit seinem Namen verbunden – ein Fest zum Beginn des Sommers am 5. bis 6. Mai gefeiert.

Al-Khidhr ist unsichtbar und tut auch so seine Wunder und Rettungstaten. Nur selten ist er für Menschen, die besonders gottgefällig leben, auf geheimnisvolle Weise sichtbar. Für das ewige Leben *al-Khidhrs* gibt es viele Legenden. Eine dieser Überlieferungen findet sich auch wieder bei *at-Ṭabarī*, wonach *al-Khidhr* von Gott zum Propheten berufen wurde, nach der Zerstörung Jerusalems durch Nebukadnezar in die Wildnis der Wüste flüchtete, wo Gott ihm das ewige Leben gab.

In einer ausführlichen Fußnote hat der österreichische Orientalist Vinzenz Rosenzweig von Schwannau (1791 – 1865) in seiner Übersetzung der Dichtung „Joseph und Suleïcha" des persischen Dichters *Nūr ad-Dīn Abdarraḥmān al-Dschāmī* (1412 – 1492) die Legenden des *al-Khidhr* sehr schlüssig und in altertümlichem Deutsch sehr poetisch zusammengefasst. Wer mehr über *al-Khidhr* erfahren möchte, dem ist der Text zu empfehlen.

Rosenzweig schreibt noch ganz nebenbei „Chiser (der aus dem Kedar der Parsenbücher entstanden)", ohne dies näher zu erklären, wahrscheinlich weil ihm die Fußnote ohnehin schon sehr lang geraten war, vielleicht auch weil die Verbindung des Kedar zu Chiser schwer erklärbar ist. Mit den Parsenbüchern meint er sicher das Zend-Avesta, das heilige Buch der Zoroastrier. Darin führt Kedar die Seelen der Verstorbenen über die Brücke Tschinevad, die für die Guten breit und für die Bösen schmal wie eine Schwertschneide ist, an den Ort, der ihnen je nach ihren Taten während des Lebens bestimmt ist, die Guten und Gerechten in den Behescht, das Paradies, in die Nähe des Ahura Mazda oder Ohrmazd, des Schöpfergottes, und die Bösen in den Duzakh, die Hölle, den Ort Ahrimans (Johann Friedrich Keuker, Anhang zum Zend-Avesta, Leipzig und Riga, 1781). Wie aus diesem Kedar *al-Khidhr* werden soll, wird nicht erklärt und ist auch wohl nicht leicht zu erklären, obwohl die sprachliche Nähe nicht zu übersehen ist.

In der mittelalterlichen orientalischen Literatur gibt es kaum einen Dichter, der *al-Khidhr* nicht in seinen Dichtungen genannt hätte, und sei es nur allegorisch in einer Situation der Rettung aus großer Not oder Gefahr. Von den Arabern wird ihm die Kunya „*Abu-l'Abbās*" zugeschrieben.

Aber auch in besonderen Gedichten wird *Al-Khidhr* (in den deutschen Übersetzungen fast immer „Chiser") besungen und gewürdigt. Selbst Goethe bemüht sich in seinem West-Östlichen Diwan orientalisierend um diese mythische Gestalt. Gleich zu Anfang, im Moganni Nameh (Buch des Sängers) schreibt er in der ersten Strophe des Gedichtes „Hegire":

„Nord und West und Süd zerplittern,

Throne bersten, Reiche zittern,

Flüchte du, im reinen Osten

Patriarchenluft zu kosten!

Unter Lieben, Trinken, Singen

Soll dich Chisers Quell verjüngen."

Als besonders beeindruckendes Beispiel will ich den großen Sufi-Mystiker Dschelāl ad-Dīn Rūmī in der Übersetzung von Johann Christoph Bürgel zitieren:

Vernimm mit dem Herzen die wortlose Weisheit,

begreife, was sonder Begriff und Verstand!

Im Herzen der Menschen ist Glut wie im Steine,

den irdischen Schleier verzehre ihr Brand!

Denn erst wenn der irdische Schleier verbrannt ist,

wird inneres Wissen, wird Chiser erkannt;

und tief in der Seele, im Herzen entdeckst du

die uralte Liebe im jungen Gewand.

Al-Khidhr wird wie folgt ausgesprochen: Das *Kh* wie „ch" in „Buch", das *dh* wie das englische „th" in „the", regional abweichend aber auch wie „d" oder wie ein stimmhaftes „s". Der Vokal ist ein kurzes „i", in manchen Gegenden aber auch ein kurzes „u" oder „o".

Skeptiker mögen bezweifeln, dass die Rettung der Frau B. dem *Khidr* zuzuschreiben ist, aber es ist durchaus nachzuvollziehen, dass der Hilferuf mit Nennung dieses Namens den jugendlichen Angreifer beeindruckt hat.

Musik

Arabische Musik ist für europäische Ohren erst einmal stark gewöhnungsbedürftig. Auch mir ging es so, und es hat länger gedauert, bis ich mich an die arabische Musik gewöhnt hatte, wusste sie dann aber auch sehr zu schätzen.

Am ehesten habe ich über einen der populärsten irakischen Sänger Zugang zu ihr gefunden. Das war *Nadhim al-Ghazali* (1921 – 1963). Seine Lieder wurden täglich im Radio gespielt, und viele seiner Konzerte wurden im Fernsehen übertragen. Seine Lieder hatten Volksliedcharakter. Jeder kannte sie. Silvester 1960 oder 1961 haben wir, Mabel, meine Schwiegereltern und ich, ausnahmsweise im Al-Maschriq Club, dem Club der chaldäischen Christen in Baghdad, gefeiert, weil dort ein Konzert von *Nadhim al-Ghazali* mit seiner Frau und Gesangspartnerin, der jüdischen Sängerin *Selima Murad*, genannt *Selima Pascha*, angesagt war. Dieses Konzert habe ich sehr genossen. Wir hörten viele seiner bekannten Lieder, wie *Fog annakhl fog* (oben auf der Palme, oben), *tal'a min beit abuha* (sie verließ das Haus ihres Vaters und betrat das Haus der Nachbarn) und einige andere. Bis heute höre ich gelegentlich seine Lieder auf einer meiner CDs. Auch in dem Roman „Der Taubenzüchter von Bagdad" des aus dem Irak stammenden israelischen Autors Eli Amir sind die Beiden erwähnt.

Der *Ustadh*, etwa entsprechend dem euopäischen Maëstro, in der mehr klassischen Variante des irakischen *Maqams* war *Mohammed al-Gubbanchi*, bei dem auch *Nadhim al-Ghazali* gelernt hat. Ein Konzert dieses Sängers habe ich ein paar Jahre später in sehr festlichem Rahmen im *Khan*

Mirdschan, einem alten, ehrwürdigen Gebäude aus der Dschelairiden-Zeit im 14. Jahrhundert, besucht. Er wurde begleitet von einem Orchester mit sechs Musikern auf *Santur* (einer Art Hackbrett mit 72 Metallsaiten über einem trapezförmigen Resonanzkasten), der *'Ud* (der arabischen Kurzhalslaute), Cello, *Ney* (Rohrflöte), der *Dschoza* (einer Art Doppelflöte) und einer Handtrommel. Der Gesang ist geteilt in die *Ataba*, einen längeren, getragen und melancholisch klingenden Teil, und die kürzere *Peste*, einen refrainartigen lebhafteren Teil, der teilweise auch von Musikern des Orchesters mitgesungen wird.

Musik, die ich auch sehr genieße, sind Instrumentalversionen des irakischen *Maqam* des in Mosul geborenen virtuosen *'Awād* (Musiker auf der *'Ud*, der arabischen Kurzhalslaute) *Munir Baschir* (1930 – 1997). Seine äußerst kunstvollen Improvisationen des klassischen *Maqam* sind für mich ein absoluter Hörgenuss. Seine musikalischen Darbietungen wurden in der gesamten arabischen Welt gehört und gerühmt, und auch bei erfolgreichen internationalen Auftritten in der westlichen Welt erlangte er Bekanntheit.

Kultstatus in der ganzen arabischen Welt, vergleichbar dem der Maria Callas in Europa, hat die ägyptische Sängerin *Umm Kulthum* (1904 . 1975). Auf allen arabischen Radiosendern wurden und werden ihre Gesangsauftritte gespielt. Araber werden mich als Banausen bezeichnen, wenn ich bekenne, dass ich ihrem stundenlangen Gesang nichts abgewinnen konnte.

Meinem Geschmack bezogen auf arabische Musik entspricht eher der Gesang der libanesischen Sängerin *Fairuz* (geb. 1930), deren Lieder auch für europäische Ohren nicht so gewöhnungsbedürftig sind. Mitte der 50er-Jahre war auch der berühmte irakische 'Awād *Munir Baschir* in den Anfangsjahren seiner künstlerischen Karriere ihr musikalischer Be-gleiter und Star-Solist.

In meinen frühen Baghdader Jahren besuchte ich gelegentlich gemeinsam mit einigen deutschen Freunden einige der billigeren arabischen „Cabarets", wo Bauchtänzerinnen zur Musik sechs- bis achtköpfiger arabischer Bands ihre oft üppigen Formen vibrieren ließen. Am interessantesten und amüsantesten war dabei meistens die ekstatische Reaktion mancher arabischer Zuschauer in ihrer traditionellen Kleidung, die, ohne den Genuss eines Tropfens Alkohol, in ihrer Begeisterung auf Stuhl oder Tisch stiegen und die mal wiegenden, mal zuckenden Bewegungen der Tänzerin im Takt mitmachten. Wir saßen dort in sogenannten Logen, einfachen Abteilen mit einem Tisch und vier bis sechs Stühlen, die durch hüfthohe Mauern von den daneben liegenden Logen und den davor liegenden billigeren Plätzen abgetrennt waren. Die Unterscheidung „billiger" und „teurer" wurde einfach dadurch hergestellt, dass in den Logen Alkohol serviert wurde, in der Regel Scotch Whisky. Es gab durchaus Muslime, die in den Logen saßen und offen alkoholische Getränke tranken. Die Beachtung religiöser Gebote war damals Privatsache. Uns ging es beim Besuch dieser Établissements weniger um die Musik als um die Unterhaltung und das Amüsement in der gesamten, für uns damals exotischen Atmosphäre unter freiem Himmel und unter Palmen.

Die Friedenstaube

Immer wenn ich Tauben gurren höre, bekomme ich Heimweh nach Baghdad, obwohl ich weiß, dass es mein Baghdad, wie ich es einmal kannte, nicht mehr gibt. Nicht, dass es nur dort Tauben gäbe. Es gibt sie ja auch hier bei uns und auch anderswo. Der Unterschied ist nur, dass ich die Sprache, in der die Tauben gurren, verstehe, denn ich habe viele Jahre in Baghdad gelebt, und weiß, dass die Tauben überall, egal wo auf der Welt sie leben, die gleiche Sprache sprechen. Sie sprechen Arabisch im Dialekt des mittleren Irak, daher mein Heimweh, wenn ich ihr Gurren höre.

Da die Tauben überall die gleiche Sprache sprechen, kennen sie keinen Nationalismus, keinen Rassismus und nehmen auch sonst an irgendwelchen Identitätsdebatten nicht teil. Wohl auch deshalb ist dieser Vogel für uns das Symbol des Friedens. Jeder der irgendwo auf der Welt das Taubengurren hört, hört denselben Vers:

Kukuchti, weyn uchti?
bi'l Hilla,
schu takul?   bad-
schilla,   sch
tischrab?   mai
Allah.

Auf deutsch:

> Kukuchti,
> wo ist meine Schwester?
> in Hilla, (eine Stadt südlich von Baghdad)
> was isst sie?
> große Bohnen
> was trinkt sie?
> das Wasser Gottes.

Jedes Kind im Irak kennt diesen Vers. Weil nur die Iraker – und mindestens im Verstehen des Taubengurrens bin ich auch einer – diesen Vers verstehen, haben sie ein besonderes Verhältnis zu Tauben.

Obwohl die Tauben eine Sprache sprechen, die heute in der Gegend um das antike Babylon, nahe der heutigen Stadt Hilla, gesprochen wird, haben sie die babylonische Sprachverwirrung nicht erlitten. Sie haben ja auch am Turmbau zu Babel nicht mitgewirkt. Größenwahn ist eben – genau wie der Rassismus - ein rein menschlicher Makel.

Makame*

Frei erfundene Makame im Stil von Friedrich Rückerts „Die Verwandlungen des Ebu Seid von Serug, oder die Makamen des Hariri"

Der Blick des Tieres

Hareth Ben Hemmam erzählt:

Nach langer, beschwerlicher Reise, - durchgeschüttelt auf Dromedars Steiße - durch trockne Wadis und öde Wüsten – über hohe Berge und entlang Meeresküsten – mit Rast in mancher Karawanserei – und Fährnis durch üble Wegelagerei - traf ich endlich in östlichen Gefilden – mit Freunden mich an einem milden – zur Geselligkeit anregenden Abend, – an Scherbet mich und Mezza labend, – den süffigen Roten nicht verachtend, - nach guter Unterhaltung schmachtend, - schürfend mit ihnen, doch meist vergebens, – in den tiefen Geheimnissen des Lebens. – Wir streckten uns auf unseren Kissen – und einer in der Runde begehrte zu wissen: - „Was im Tiere blickt uns an?" – Wer von den Klügsten der Gefährten kann – auf diese Frag' die Antwort geben – und den Schatz der Weisheit heben, - sich mit einer These vorwagen - und uns die kluge Lösung sagen? – Ich hielt aus gutem Grunde – zurück mich und sah in die Runde, - als ein ärmlich gekleideter Greis, - der unbemerkt geblieben war im Kreis, – jetzt meine Beachtung erregte – und ich den Verdacht in mir hegte, - ihn zu kennen aus früherer Zeit. – War er nicht aus Serug, Abu Seid, - der Bettler und Hakim, der Weise – sein Leben lang stets auf der Reise, - den es nie an einem Orte hält, - der das Wissen sammelt in der Welt, - auf keine Frage um Antwort verlegen? – Er wird auch hier seine Weisheit belegen. – Daher schlug ich vor mit Behagen, - ihn in der Sache zu befragen. – Der Seruger gab sich zu erkennen, - die Wiedersehensfreude ließ uns flennen. - Er ließ nicht lang' sich höflich bitten, -

setzte sich in unsrer Runde Mitten, - blickte freundlich an einen jeden – und hub mit Bedacht an zu reden:

Was im Tier uns anblickt, ist eure Frage?
Die schwirigste, die mir gestellt auf meine alten Tage.
Gestattet mir zu klären die Gedanken;
Obwohl Frag' gegen Frage ist eine Plage,
Muss ich wissen, welches Tier ihr meint.
Ist's die Mücke? Ist's die Kuh?
Dies ist meine Gegenfrage.
Aha! Ein Panther ist's in diesem Falle.
Doch noch ist euer Begehr sehr vage.
Ich möchte mehr von euch noch wissen.
Drum sagt, ob gefangen er ist, ob frei er jage,
Ob krank er ist oder stark und gesund,
Ob räudig oder mit Glanz sein Fell er trage,
Ob matt sein Kopf hernieder hänge
Oder ob stolz erhoben sein Haupt hoch rage,
Ob Gazelle oder Gnu er hetzt,
Oder ob er am hingeworfnen Knochen nage.
Hinter Gittern er sein Dasein fristet?
Das ist ein bittres Los, das ich beklage.
Fragt euch, wie ihr an seiner statt wohl blicktet,
Ob Geist und Seel' aus eurem Aug' sich wage,
Oder ob's der Bauch nur wär, der säh den Napf,
Und ihr verzagtet leis mit wimmernder Klage.

Diktatur

Eine Demokratie hat es im Irak nie gegeben, von Menschenrechten und von so etwas wie eine von der Regierung unabhängige Justiz hatte man keine Vorstellung und der Wunsch danach spielte selbst in den Träumen der meisten Iraker keine Rolle. Dazu war eine solche Vorstellung zu unrealistisch. Es gab nur im Ausmaß der Bedrohung durch staatliche Willkür Phasen verschiedener Intensität. Christen waren damals – bevor die Region durch den Einmarsch der US-Armee 2003 in Chaos gestürzt wurde - in der Regel weniger bedroht, da sie als religiöse Minderheit kaum in politische Aktivitäten involviert waren und für keine Regierung eine Bedrohung ihrer Macht darstellten.

Am 17. Juli 1968 gelangte die Ba'ath-Partei durch eine Revolution an die Macht und vertrieb den damaligen Präsidenten *Abderrahman Aref* ins Exil. Damit begann der Aufstieg von *Saddam Hussein*, der zuerst stellvertretender Generalsekretär des Kommandorates und Chef des Ministeriums für staatliche Sicherheit und des Propagandaministeriums wurde. Das bedeutete den Anfang einer Phase stärkerer Intensität brutaler Unterdrückung und staatlicher Willkür und war ein von *Saddam Hussein* gesetztes Zeichen für die Art seines zukünftigen Terrorregimes.

Im Herbst 1968 und Winter 1968/69 gab es eine Verhaftungswelle, deren erster schlimmer Höhepunkt am 17. Januar 1969 mit der öffentlichen Hinrichtung von vierzehn Männern (neun Juden, drei Muslimen und zwei Christen) nach kurzen Prozessen mit Unrechtsurteilen wegen angeblicher und nie bewiesener Spionage für Israel war.

Die vierzehn Männer wurden auf dem Platz der Befreiung am Southgate öffentlich vor einer Masse von hunderttausenden Schaulustigen gehängt. Schätzungen der Menge schwankten zwischen hunderttausend und einer halben Million Zuschauern. Es gab Tanzvorführungen dabei, und Imbissbuden versorgten die Menge mit Speisen und Getränken. Meine Familie und ich hielten uns davon fern, konnten aber der Berichterstattung davon auch nicht ganz entgehen.

Zudem kamen Auswirkungen dieses Terrors auch in unsere Nähe. Im Zuge der den Hinrichtungen vorausgehenden Verhaftungswelle traf es einen engen Freund unserer Familie, *Khalid Ayar*, der plötzlich verschwunden war. Er wurde inhaftiert und zu einer Gefängnisstrafe verurteilt. Sein „Verbrechen" war Mitgliedschaft in einer Loge der Freimaurer.

Kurz nachdem wir davon erfuhren, besuchten wir Madeleine, seine Frau, die wir zu trösten versuchten, was aber angesichts ihrer Verzweiflung verständlicherweise vergebens war. Sie bedankte sich aber umso mehr für unseren Besuch, als, wie sie berichtete, die meisten Menschen ihrer Umgebung, mit Ausnahme der Geschwister ihres Mannes, den Kontakt mit ihr mieden, aus Angst davor, der Polizei und dem Sicherheitsapparat irgendwie unangenehm aufzufallen.

Ihre Vermutung für den wirklichen Anlass von Khalids Verhaftung war, auch aus unserer Sicht, nachvollziehbar und nicht unbegründet. Khalid war Generaldirektor der

Abteilung für Veterinärmedizin des Landwirtschaftsministeriums. Es gab dort sicher Untergebene, die nach Machtübernahme der Ba'athis opportunistisch der Ba'athpartei beigetreten waren, die ihm, dem Christen, seinen herausgehobenen Posten neideten und gegen ihn intrigierten, was für sie umso leichter gewesen sein müsste, als *Khalid* sich gegen eine Parteimitgliedschaft sträubte.

Als ich im Sommer 1971 den Irak verlassen hatte, war *Khalid* noch im Gefängnis, und ich weiß nicht, was sein weiteres Schicksal war.

Zorkhaneh

Bei einer Iranreise im Jahre 2015 besuchte ich in der Stadt Yezd eine *Zorkhaneh*, einen in alter iranischer Tradition verankerten „Fitness Club", allerdings einen mit Ritualen und einer gewissen Philosophie, dessen Mitglieder im Geiste von schiitischer Sufi-Mystik zu rhythmischer Trommelmusik mit tänzerischen Bewegungen gymnastische Übungen mit Kraftsport verbinden.

Es war ein in der Innenstadt gelegener alter Kuppelbau, über dessen Eingang in einer schmalen Gasse ein Schild mit der Aufschrift „*Zorkhane Sahib az-Zaman*" hing, auf deutsch etwa „Krafthaus des *Herrn der Zeiten*". In der Mitte des Innenraums ist ein etwas tiefer gelegtes Rondell, umrahmt von riesigen bis zu 30 kg schweren Holzkeulen. An den Wänden gibt es Zuschauersitze und davor große Teppiche, auf denen zu meiner Verwunderung Frauen im Tschador Platz genommen hatten, die hier offenbar als Zuschauerinnen erlaubt sind, obwohl sie bei Fußball-, Basketball- oder Volleyballspielen nach den Regeln des Mullahregimes nicht als Zuschauerinnen zugelassen werden. Auf einer Empore bedienten zwei Trommler sehr rhythmisch ihre Instrumente, was einer von beiden mit lautem, sehr wohlklingendem Gesang begleitete.

Ich nahm mit anderen Zuschauern auf den Sitzen an der Wand Platz und beobachtete, wie die *Pahlavane*, die Kraftprotze, zuerst tanzend verschiedene Freiübungen machten, danach eine große Zahl von Liegestützen und sich dann die am Rand liegenden schweren Holzkeulen nahmen, in jede Hand eine, und sie dann im Takt der Trommeln schwangen.

Die Frauen vor uns auf den Teppichen bewunder-ten die Männer dabei, kicherten fröhlich, und machten Fotos mit ihren Handykameras.

Die Tradition dieses Sports reicht in den Anfängen zurück bis weit in vorislamische Zeit, war eine Art martialischer Kunst und diente als kriegerisches Training. Er erfuhr einen starken Aufschwung in der Zeit der Safawidendynastie und der Einführung der schiitischen Richtung des Islam als Staatsreligion im siebzehnten Jahrhundert. Wir erinnern uns des Eingangsschildes mit Nennung des *Herrn der Zeiten*. Damit ist der *Imam al-Mehdi* gemeint, der zwölfte und letzte in der Reihe der schiitischen Imame bei den Zwölfer-Schiiten und Nachkomme des Propheten Mohammed in der zwölften Generation. Er verschwand im neunten Jahrhundert in Samarra schon im Kindesalter, blieb verschollen, und lebt seither nach dem Glauben der Schiiten im Verborgenen. Am Ende der Zeit wird er danach gemeinsam mit *'Issa ibn Mariam* (Jesus, Sohn der Maria) als Erlöser erscheinen und die Welt retten. In der Verfassung des schiitischen Iran wird der Zwölfte Imam als eigentliches Staatsoberhaupt bezeichnet. Der Klerus herrscht in diesem Sinne nur in seiner Stellvertretung. In diesem Sinn hat sich auch diese Zorkhaneh so genannt.

Der Orientreisende Carsten Niebuhr hat im Rahmen seiner Reise in den Sechzigerjahren des achtzehnten Jahrhunderts auch den Iran bereist und beschreibt in seinem Buch „Reisebeschreibung nach Arabien und andern umliegenden Ländern" seinen Besuch einer Zorkhane in Schiras über fünf Seiten mit einer gezeichneten Illustration ganz ausführlich. Er beschrieb allerdings nur, was er sah, ohne auf historische oder religiöse Hintergründe einzugehen.

Gruß

Der in fast ganz Norddeutschland üblich gewordene Gruß ist „Moin". Außerhalb Norddeutschlands wird vielfach vermutet, dass es etwas mit „Morgen" zu tun habe, also im Sinne von „Guten Morgen". Das ist allerdings ein Irrtum, denn der Gruß ist gültig für jede Tageszeit. In Norddeutschland wird vielfach geglaubt, dass der Gruß plattdeutsch sei. Auch das ist ein Irrtum. Er kommt aus dem Friesischen, einer allerdings dem Plattdeutschen sehr verwandten Sprache. „Moin" ist die Kurzform für den friesischen Gruß „n' moojen Dag", also „einen guten Tag". Manche übertreiben es, weil es Ihnen allzu kurz erscheint und sagen „Moin, Moin". Das ist dann allerdings schon Geschwätzigkeit. Ich bin kein zu Geschwätzigkeit neigender Mensch, und daher kommt mir, als heimatverbundenem Bremer und Norddeutscher, „Moin" in seiner Kürze und Nüchternheit sehr entgegen.

Allerdings bin ich, wie viele, ein zwiespältiger Mensch. Ich habe fünfzehn Jahre im Orient gelebt, und das hat in mir und meinem Wesen unauslöschliche Spuren hinterlassen. Ich habe dort Arabisch gelernt, liebe die poetische Qualität dieser Sprache, und der Orient ist mir zweite Heimat. Im Arabischen grüßt man sich zum Beispiel am Morgen mit „*Sabāh al-kheir*", normalerweise mit „Guten Morgen" übersetzt, aber genauer bedeutet es „ein Morgen des Wohlseins". Eines Morgens saß ich im Geschäft eines Kunden in Baghdad, und ein älterer, würdiger Herr in einer Aba, einem braunen Um-hang, betrat den Laden und grüßte: „*Sabāhkum Allāh bi'l-kheir*". Ich war fasziniert von der Schönheit und Poesie dieses Grußes, auf deutsch: „Möge Gott Euch einen Morgen in Wohlsein bereiten".

In Deutschland würden sich die Menschen an die Stirn tippen und mich für übergeschnappt halten, wenn ich beim Betreten eines Raumes so grüßen würde.

Ich bin Agnostiker und weiß nicht, ob es Gott gibt oder nicht. Im Deutschen meide ich den Begriff Gott in meiner Sprache. Wo andere „Gott sei Dank" sagen, sage ich „zum Glück" oder „glücklicherweise". Hier zeigt sich ein weiterer Aspekt meiner Zwiespältigkeit. Im Arabischen habe ich keine Scheu, von Gott, von Allāh zu sprechen. Im Orient ist Gott im Leben wie in der Sprache der Menschen allgegenwärtig, und das ist bei mir im Umgang mit Orientalen nicht ohne Wirkung geblieben. Auch als Agnostiker achte und beachte ich das.

Etwas Gegensätzlicheres als „Moin" und „Möge Gott Euch einen Morgen des Wohlseins bereiten" kann man sich ja nicht vorstellen, und doch ist beides in mir und symbolisiert Heimat für mich.

Verantwortung,
im sprachlichen Vergleich zwischen Europa und dem Orient

Die Verantwortung ist nicht jedermanns, oder jeden Mannes Sache. Bei Frauen ist meine Einschätzung, zumindest bezogen auf das statistische Mittel, etwas positiver. Ich hoffe, dass ich mich da nicht irre.

Mein Interesse an der Verantwortung ist auch – aber nicht nur – sprachlicher Natur. Es steckt darin ja, in unserer Sprache, die Wurzel *Antwort*. Jemand, der oder die etwas getan oder unterlassen hat, was auch andere betrifft, muss erklären, warum er die Tat oder Unterlassung begangen hat. Im Grimmschen Wörterbuch wird Johann Balthasar Schupp (1610-1661) mit dem Satz zitiert: „am jüngsten tage wird alles offenbar werden, da sol er dem richter der lebendigen und toden davon antwort geben" (Schuppius 1, 621). Auch in den anderen wichtigen europäischen Sprachen ist das Wort Verantwortung auf *Antwort* aufgebaut. Sowohl das englische *responsibility*, wie das französische *responsabilité*, das italienische *responsabilità* und das spanische *responsabilidad* basieren auf dem lateinischen Wort *responsum* für *Antwort*.

In den slawischen und selbst in den finno-ugrischen Sprachen, wie Finnisch, Estnisch und Ungarisch bilden ebenfalls die Wörter für *Antwort* die Wurzel für die Wörter, die in diesen Sprachen dem deutschen Wort *Verantwortung* entsprechen.

Im Vorderen und Mittleren Orient ist das anders. Das arabische Wort für Verantwortung heißt مسئولية

(mas'ūliya). Darin steckt das Wort سؤال *(sū'āl)* für *Frage*. Ins Persische und Türkische sind die beiden arabischen Wörter als Lehnwörter übernommen worden. Im Türkischen gibt es für *mesuliyet* noch ein Synonym, das nicht arabischen Ursprungs ist, und zwar *sorumluluk*, ebenfalls in der Bedeutung von Verantwortung (auch Zuständigkeit, Haftung) und bezeichnenderweise auch mit einer Wurzel *soru* für Frage.

Nun sind Frage und Antwort ein sich ergänzendes Wortpaar. Auf eine Frage wird eine Antwort erwartet, und die Antwort ist die Reaktion auf eine Frage. Man könnte also meinen, dass es ohne Bedeutung wäre, welcher Teil dieses Paares als Wurzel für das Wort Verantwortung benutzt wird.

Da jedoch die sprachliche Trennung des Begriffes so klar und eindeutig geographisch und nach Kulturräumen bemerkbar ist, interessiert es mich zu wissen, ob sich aus der Unterschiedlichkeit der Wurzeln des Wortes auch ein Unterschied in der Bedeutung des Begriffes ergibt, ob der sprachliche Unterschied auch ein kultureller ist. Muss in Europa ein Verantwortlicher Antwort geben, während ihm im Orient zwar die Frage gestellt wird, er sie aber nicht zwingend beantworten muss? Tut er es denn immer in Europa, und wenn ja, tut er es wahrheitsgemäß? Die Beantwortung dieser Frage könnte, wenn überhaupt möglich, nur spekulativ sein.

Serendipität
Die Begegnung mit einem Wort

Durch Zufall las ich in unserer Tageszeitung einen Leserbrief, der mich ansprach und mich neugierig auf seinen Autor machte. Da sein Name nicht im Telefonbuch verzeichnet war und ich daher nicht telefonisch mit ihm in Verbindung treten konnte, forschte ich im Internet und fand einen Verweis auf eine Literaturgruppe in Bremen-Nord mit Angabe des Tages im Monat, an dem die Mitglieder dieser Gruppe sich trafen. Am ersten Dienstag des nächsten Monats fuhr ich dorthin und traf nicht nur den Leserbriefschreiber sondern fand eine Gruppe von ungefähr zehn Frauen und Männern, die mir in ihrer Art, in den Texten, die sie vortrugen und in der Art und Weise ihrer Diskussion sehr sympathisch war, so sympathisch, dass ich mich darum bemühte, Mitglied zu werden. Ich konnte mich freuen, sehr freundlich aufgenommen zu werden.

Das ist ein gutes Beispiel für *Serendipität*, ein Wort, das mir erst vor kurzer Zeit begegnete, das ich nicht kannte, das mich aber durch den Zusammenhang des Textes, in dem ich es las, neugierig machte. Der Text handelte von positiver Einstellung zum Leben und davon, dass Offenheit und Neugier, das Beschreiten neuer und ungewohnter Wege, gute Voraussetzungen für Serendipität seien. Ich fand das Wort weder im Duden, noch in unserem schon etwas älteren Duden Fremdwörterbuch, auch nicht im Brockhaus Lexikon und schon gar nicht im Petri Fremdwörterbuch meines Großvaters von 1911.

Es blieb mir also nichts anderes übrig, als mich wieder an den Computer zu setzen und dort nach dem Wort und seiner Bedeutung zu forschen. Auf *Wikipedia* kann man sich verlassen. In der Wissenschaft bezeichnet *Serendipität* oder das *Serendipitätsprinzip* eine zufällige Beobachtung von etwas ursprünglich nicht Gesuchtem. Kurz für Normalbürger erklärt, ist *Serendipität* das Glück, etwas zu finden, wonach man gar nicht gesucht hat, ein glücklicher Zufall. Als Beispiel wird die Entdeckung Amerikas durch Columbus genannt, der ja nicht nach Amerika gesucht hatte, sondern einen anderen Seeweg nach Indien finden wollte.

Überraschend war jedoch, wie das Wort in die deutsche Sprache gekommen ist. Die Wurzel ist *Serendīb* - سرنديب -, der alte arabische und persische Name der Insel Ceylon (heute Sri Lanka), was ich sogar in meinem Arabisch-Englisch Wörterbuch bestätigt fand.

Einige unwesentliche Erwähnungen des Wortes in Europa im 16. und 18. Jahrhundert übergehe ich mal. Der wesentliche Faktor des Eingangs in die englische Sprache ist das 1945 erschienene Werk *The Travels and Adventures of Serendipity* des US-amerikanischen Soziologen Robert K. Merton (1910-2003). Der vermutete Ursprung ist die Geschichte der drei Prinzen von Serendip des aus Samarkand stammenden persisch-sprachigen indischen Dichters *Amir Chusrau* (1253-1325). Dieses Märchen handelt davon, wie die drei Prinzen oft Erfahrungen und Entdeckungen von Dingen durch Zufall oder durch Klugheit und Scharfsinn machten, nach denen sie weder gesucht noch geforscht hatten. Es gehört also zur Serendipität auch der Scharfsinn, die Klugheit oder auch nur der Instinkt, das, was einem zufällig als Glück vor die Füße fällt, als Glück zu erkennen und es zu ergreifen.

Mir ist das Wort inzwischen so lieb geworden, dass ich meine Herzbeglückende damit schon nerve, und das, obwohl es die größte Serendipität und das größte Glück ist, wie wir zueinander gefunden haben.

Generalife

Der der Alhambra in Granada gegenüberliegende Sommersitz der maurischen Könige ist der Generalife. Dies ist die hispanisierte Form des arabischen Namens *Dschennat al-'Arīf*. Im Baedeker Reiseführer „Andalusien" und auch im Online-Lexikon Wikipedia wird dieser Name übersetzt mit „Garten des Architekten" erklärt.

Ich halte diese Übersetzung des Namens für falsch. Erstens bedeutet das arabische Wort *Dschenna* nicht einfach nur Garten, sondern es ist auch der Paradiesgarten. Das arabische *al-'Arīf* heißt „der Wissende". Die wörtliche Übersetzung wäre also „Paradiesgarten des Wissenden". Man kann natürlich einen Architekten, der die Anlage eines solchen Gartens entwirft und plant, als Könner, als Künstler oder auch als Wissenden bezeichnen, aber als Name für den Garten ist es mir zu platt, zu banal. Jeder herrschaftliche oder sogar königliche Garten auf der Welt wurde von einem Architekten (Garten- oder Landschaftsarchitekten) geplant.

Ich halte mich an die wörtliche Übersetzung. „Der Wissende" ist in diesem Zusammenhang meines Erachtens der wegen des Verzehrs eines Apfels vom Baum der Erkenntnis – arabisch: شجرة المعرفة *Schedschdscharat al-Ma'rifa* = Baum des Wissens - von Gott aus dem Paradies vertriebene Adam, der „Paradiesgarten des Wissenden" also die irdische Entsprechung des biblischen Paradieses, sozusagen „das Paradies auf Erden".

Die siebte Sure des Korans hat den Titel *al-A'rāf* (Die Scheidewand). Darin heißt es in Vers 19: „O Adam, weile du und dein Weib in dem Garten und esset von ihm, wo immer ihr wollt, nur nähert euch nicht diesem Baume, sonst seid ihr Ungerechte".

Vers 20: Doch Satan flüsterte ihnen Böses ein, dass er ihnen kundtun möchte, was ihnen verborgen war von ihrer Scham. Er sprach: „Euer Herr hat euch diesen Baum nur deshalb verboten, damit ihr nicht Engel werdet oder Ewiglebende."

Vers 22: So verführte er sie durch Trug. Und als sie von dem Baume kosteten, da ward ihre Scham offenbar und sie begannen, sich in die Blätter des Garten zu hüllen. ....."

Aus Bibel und Koran ist gleichermaßen bekannt, das Gott Adam und Eva daraufhin aus dem Paradies verbannte. Der Titel der siebten Koransure *al-A'rāf* (Die Scheidewand) ist bezeichnend. Die Scheidewand ist die Unterscheidung zwischen (paradiesischer) Unschuld und der Sünde und, nach dem Genuss des Apfels vom Baum der Erkenntnis, das Wissen, was Scham und Sünde sind. Es ist leicht zu sehen, dass der Titel der Sure *al-A'rāf* (die Scheidewand), das Wort *al-'Ārif* (der Wissende) und *al-Ma'rifa* (das Wissen) dieselbe sprachliche Wurzel haben. Wissen ist Unterscheidungsvermögen. Übrigens ist ja auch im Lateinischen der Gattungsname für Mensch *homo sapiens*, der wissende Mensch.

Es gibt den Begriff *'arīf* auch als militärischen Rang. In Andalusien zur Zeit von al-Hakam I (reg. 796 – 822 n.Chr.) war ein *'arīf* der Anführer von ungefähr einhundert Reitern (The Encyclopaedia of Islam, Leiden 1986, Vol. I, p. 629). Heute ist *'arīf* beim Militär der Rang eines Gefreiten.

Es gab auch in der zivilen Verwaltung das Amt eines *'arīf*. Dieser war Assistent eines *muḥtasib*, eines Marktaufsehers.

Es ist allerdings kaum vorstellbar, dass eine dieser Arten von *'urafā* (Plural von *'arīf*) als Namensgeber für den Generalife infrage kommen. Dass Architekten *'arīf* genannt wurden, ist nicht bekannt.

In der offiziellen deutschsprachigen Version der website von Granada heißt es: „Ǧannat al-ʿĀrif bedeutet ´Garten des Gott Erkennenden´", die Transliteration des arabischen Wortes „Ǧannat" hier in der in der Arabistik üblichen wissenschatlichen Form der Deutschen Morgenländischen Gesellschaft, der ich der allgemeinen Lesbarkeit wegen „Dschennat" vorgezogen habe. Mein erster Einwand hier ist wieder, wie oben, dass „Dschennat" nicht einfach nur Garten sondern auch Paradiesgarten ist. „Al-ʿĀrif" (hier unüblicherweise im Zusammenhang mit dem Generalife auf der ersten Silbe betont, was aber die gleiche Bedeutung hat) mit „Gott Erkennender" zu übersetzen, ist etymologisch zwar möglich, aber ich halte es für etwas weit hergeholt. Auf jeden Fall ist es, sprachlich und inhaltlich, logischer als die Deutung „Garten des Architekten". Was allerdings Adam im Paradiesgarten oder aus dem Paradiesgarten Verwiesenen angeht, ist die Bezeichnung „Gott Erkennender" überflüssig, da Adam sowohl vor wie auch nach dem Genuss der Frucht vom verbotenen Baum der Erkenntnis Gott ge- und erkannt hat, denn Gott hatte ihm ja das Verbot mitgeteilt, und er hat bewusst dagegen verstoßen.

Daher erscheint mir meine Theorie, dass der Generalife „der Paradiesgarten des (um Sünde und Scham) Wissenden", das sprichwörtliche Paradies auf Erden, ist, am schlüssigsten, denn der entscheidende Unterschied zwischen dem biblischen und dem irdischen Paradiesgarten ist das Wissen Adams, Evas und der Menschen um Sünde und Scham.

Namen im Islam

In meiner Sammlung Islamischen Kunsthandwerks befindet sich eine sehr schöne alte Kupferschale, etwa 25 cm im Durchmesser, mit einem Schriftband unter dem oberen Rand und feinen Ornamenten darunter. Es ist eine sogenannte „Zwölf-Imam-Schale".

Zwölf-Imam-Schale, Iran, 1079 AH = 1668 n.Chr.

Sie ist datiert mit der Jahreszahl 1079, ein Jahr der Hidschra, das unserem Jahr 1668 n.Chr. entspricht, und in ein rundes Feld zwischen Anfang und Ende des Schriftbandes mit den Namen der zwölf schiitischen Imame ist der Name des ursprünglichen Besitzers und Auftraggebers eingraviert, nämlich „Sahib Ibrahim" (Besitzer Ibrahim). Es ist also eine Schale aus dem Iran der Safawidenzeit. Die Safawiden haben die schiitische Richtung des Islam im Iran zur Staatsreligion gemacht.

Das Schriftband hat in der Übersetzung den folgenden Text: *„Oh, Allah, segne Muhammed, den Auserwählten, und den verehrten Imam 'Ali und die keuscheste Fatima und den lobenswerten Imam el-Hassan und den Imam, den Märtyrer Hussein und den Imam Zein el-'Abidin und den Imam Muhammed al-Bāqir* *und den Imam Dscha'far es-Sādiq und den Imam Musa el-Kādhim und den Imam 'Ali ibn Mūsa er-Ridha und den Imam Muhammed at-Taqi und den Imam 'Ali en-Naqi und den Imam el-Hassan el-Askeri und den Imam Muhammed el-Mehdi, den Herrn der Zeiten und der Zeitalter, Allahs Segen auf sie allesamt, die Guten, die Reinen, die Helfer."*

Eine weitere ungewöhnliche Besonderheit dieser Schale macht einen besonderen Aspekt im Islam deutlich, nämlich die Namen im Islam im Verhältnis von Schiiten zu Sunniten. Es ist die primitive Eingravierung des Namens eines späteren Besitzers der Schale unter ihrem Boden. Der Name ist 'Omar. Das bedeutet, dass irgendwann nach dem Erstbesitzer ein sunnitischer Muslim die Schale erworben haben muss. Kein Schiit nennt einen seiner Söhne bei einem der Namen der drei ersten der vier sogenannten rechtgeleiteten Kalifen, Abū Bekr, 'Omar und 'Othmān, da die Schiiten diesen Dreien vorwerfen, sie hätten sich gegen 'Alī, der erst nach ihnen als Vierter Kalif wurde, verschworen, dem – nach ihrer Überzeugung - doch als Vetter und Schwiegersohn, also als Familienangehörigem des Propheten als Erstem das Kalifat, d.h. die Nach-folge des Propheten zugestanden hätte und nach ihm seinen Nachkommen, den auf der Schale genannten Imamen als Mitgliedern des *„ahl al-bait"*, der Familie des Propheten.

Dieser 'Omar hat also als Sunnit, sicher ganz bewusst, eine Schale nicht wegen sondern trotz ihrer eindeutig schiitisch religiösen Bedeutung gekauft, und zwar offenbar weil er von der hohen Qualität ihres Kunsthandwerks beeindruckt war. Um sich gegen Vorwürfe von Freunden und Verwandten zu rechtfertigen, hat er seinen, den Schi

Inschrift *'Omar* unter dem Boden der Zwölf-Imam-Schale

iten verhassten Namen unter dem Boden der Schale eingeritzt. Außerdem hat er den Innenraum des Buchstaben *mīm* mit rautenförmig angeordneten Linien in einer Art angefüllt, dass der Eindruck einer Erdkugel entstehen könnte. Daraus könnte man auf eine säkular aufgeklärte Haltung schließen.

Die Inschrift des 'Omar unter dem Boden der Schale verdeutlicht die Bedeutung der Namen im Verhältnis von Sunniten und Schiiten im Islam.

Ein weiterer, den Schiiten besonders verhasster Name ist *Yezīd*. Der Zweite der Umaiyyadenkalifen, *Yezīd I.* (680 bis 683 n.Chr.), war verantwortlich für die Tötung *Huseins*, des Sohnes von *'Alī ibn Abī Tālib* und Enkel des Propheten Muhammed in der Schlacht von Kerbela am *10. Muharram* 61 nach der islamischen Zeitrechnung (=10. Oktober 680 n.Chr.), in der *Husein* mit nur wenigen

Getreuen einer riesigen umaiyyadischen Übermacht entgegen stand. *Husein* hatte die Herrschaft *Yezīds* als Kalif und Nachfolger des Propheten nicht anerkannt, da auch er nach dem Tod seines älteren Buders Hassan als der Nächste aus dem *ahl al-bait* Anspruch auf das Kalifat geltend machen wollte, und dieser Anspruch nach Ansicht der Schiiten auch berechtigt war.

Bis heute ist *Husein* bei den Schiiten ein als Heiliger verehrter Märtyrer, dessen Tod am *10. Muharram* eines jeden Jahres in Prozessionen betrauern, in denen die jungen Männer sich mit dem Ausruf „*ya Husein*" ihre Rücken mit eisernen Ketten blutig schlagen.

Auch die übrigen Namen der Umaiyyadenkalifen, wie *Mu'āwiya, Marwān, 'Abdalmalik, Walīd, Hischām* und *'Omar* sowieso, sind für Schiiten wie ein rotes Tuch.

Wahrscheinlich gibt es keine Gegend auf der Welt, in der die Namen der Söhne – und nur sie spielen in dem Zusammenhang ein Rolle - so sorgsam bedacht nach religiösen und politischen Gesichtspunkten überlegt und ausgewählt werden, wie in den Ländern des Nahen und Mittleren Osten, in denen sowohl Sunniten wie Schiiten leben. Der unter meiner Schale eingeritzte Name veranlasst mich daher, mich mit dem Thema der bei Sunniten und Schiiten üblichen Namen zu befassen.

Wie oben schon erwähnt, wird kein Schiit einen Sohn nach einem der drei ersten Kalifen benennen, und kein Sunnit wird einen seiner Söhne nach einem der schiitischen Imame nennen, mit Ausnahme von *'Ali* und *Husein*, obwohl es auch bei diesen beiden nur selten vorkommt. Aber wir erinnern uns des irakischen Diktators

Saddām Husein, der Sunnit war und die Schiiten in seinem Land grausam unterdrückt und bekämpft hat. Die Namen der schiitischen Imame *Hassan*, *Bāqir*, *Dscha'far*, *Sādiq*, *Kādhim*, *Ridha (Reza)*, *Taqi*, *Naqi* oder *Mehdi* wird man bei Sunniten nicht finden. *Mehdi* könnte gelegentlich auch bei Sunniten vorkommen, aber nur in Gegenden, in denen sie nicht in der Nachbarschaft zu Schiiten leben.

Die Namen der alttestamentarischen Propheten, wie *Mūsa* (Moses), *Ibrahīm* (Abraham), *Dawūd* (David), *Yūsuf* (Josef), *Ya'qūb* (Jakob), *Yūnis* (Jonas) sind neutral, und man findet sie sowohl bei Sunniten wie Schiiten. Wenn also der Name des Erstbesitzers und Auftraggebers der Schale *Ibrahīm* ist, ist es auf den ersten Blick ein „neutraler" Name. Es ist jedoch klar, dass es in diesem Fall ein Schiit ist, da ein Sunnit keine Zwölf-Imam-Schale in Auftrag geben würde und umgekehrt kein schiitischer Kunsthandwerker eine solche Schale für einen Sunniten fertigen würde.

Bei den arabischen Formen für Salomo bevorzugen die Sunniten *Sulaimān* und die Schiiten *Salmān*, weil mehrere Umayyadenkalifen und osmanische Sultane, beides sunnitische und schiitenfeindliche Dynastien, *Sulaimān* hießen. Die Namen *Yūsuf*, *Ya'qūb* und *Dawūd* findet man auch oft bei Christen.

Neutral sind auch die Namen mit dem Bestandteil Gott, wie *'Abdallāh* (Diener Gottes), was auch die einschließt, bei denen Gott bei einem seiner 99 „schönen Namen" genannt wird, wie z.B. *'Abdulkerīm*, *'Abdulhādī*, *'Abdulghannī*, *'Abdulahad*, *'Abdarrahmān* etc.. In dieser Reihe ist dann *'Abdulmalik* eine Ausnahme. Dieser Name wird auch mehrheitlich von Schiiten abgelehnt, weil es der Name eines der verhassten Umaiyyadenkalifen war.

Im Iran, mit der schiitischen Richtung des Islam als Staatsreligion, ist es noch etwas komplizierter. Dort wird jeder fromme Schiit seinen Söhnen den Namen eines der Imame geben. Wer es etwas neutraler haben möchte, nimmt den Namen des Propheten Mohammed oder den Namen von dessen ältestem Sohn *Qassim* (persisch *Ghassim*, da die Perser den arabischen Buchstaben *qaf* nicht aussprechen können). Diese Namen sind sozusagen neutral und können auch von den Mullahs nicht kritisiert werden. Wer allerdings im Iran der Frömmelei der Mullahs distanziert gegenübersteht und das auch zeigen will, wählt für seine Söhne Namen aus der persischen Geschichte vor dem Islam, z.B. einen aus der Reihe der Achämeniden- oder Sassanidenkönige, wie *Cyrus* (Kyros), *Dariusch* (Darius), *Khusru*, oder aus der iranischen Mythologie wie *Rostam (Rustam)* oder *Dschemschid*. Das ist die Demonstration einer säkularen Haltung und eine gelinde Provokation.

Gedichte

Heimat

Kein Berg versperrt

den Blick auf den Horizont.

Deiche und Wurten

sind Erhebungen hier,

Ziggurat und Milwiya dort.

Erlen und Birken windgebeugt,

nach Osten geneigt,

oder Palmen

mit staubgrünen Blättern

hinter einer Lehmmauer.

Wo die Weite den Blick übertrifft

bin ich zu Haus.

Calamos

Das Schilfrohr

es wiegt sich im Wind

und der Geist

wiegt sich in ihm

geschnitten

zwischen zwei Knoten

und kunstvoll angespitzt

treibt es zur Spitze die Kunst

al qalam die Schreibfeder

was wären ohne sie

al-Ma'arri, Hafis

und Omar Khayyam

Baghdad

Licht, staubgesättigt,

flirrende Mittagshitze im Tammūz* und Āb*,

die die Zahdi-Datteln reifen

und das Blut sieden lässt.

Zeit, Siesta zu halten

oder eine Revolution anzuzetteln.

Rashid Street, Baghdad

Rattern und Knattern

ist zu hören auf der Rashid Street.

Menschen suchen schnell

den nächsten Hauseingang

oder die nächste Seitengasse.

Stählerne Rollläden vor den Geschäften

werden hastig heruntergezogen.

Einen Augenblick Ruhe, Aufatmen.

Al-hamdu lillah!

Es war nur die Fehlzündung eines Autos.

Kur im Iran

Zehn Tage Abstinenz.

Für meinen Durst gibt es Tschai,

Mineralwasser und Dugh*.

Ich berausche mich

am Wein

in den Ghaselen

von Hāfiz*

und den Rubaiyat

von Omar Khayyām*.

Sie sind mir poetischer Trost.

Meine Leber

bedankt sich.

Be-salāmetī!

Prost!

Persepolis

Darius, Xerxes, Artaxerxes,

wir Schirmbemützten

und Sonnenbebrillten

wandern staunend und bewundernd

durch die Ruinen ihrer Paläste.

Der Eidechse in den Steinspalten

ist das gleichgültig.

Sie genießt die Sonnenstrahlen.

Von ihren antiken Hausherren

weiß sie nichts.

Wir bilden uns ein,

klüger zu sein.

Doch Dschemschids Glas*

haben auch wir nicht.

Libanon

Kleines Land,

ganzer Kosmos,

Land der Palmen am Meer

und der majestätischen Zedern

in den Bergen.

Land der Rätsel

und der Paradoxien,

der ältesten Kultur

und des neuesten Protz,

der orientalischen Herzlichkeit und Gastfreundschaft

und der levantinischen Schlitzohrigkeit,

der heiligen Täler

und der Arenen

der Machtgier und der Korruption,

stinkenden Mülls

und erhabener Schönheit,

stiller Natur

und fünfspuriger Staus auf den Straßen,

Za'tar wa Zayt*,

Kaviar und Champagner,

und geistige Freiheit

des Dichters aus Bscharré*

gegenüber Fanatismus

und geistiger Versklavung

durch Missbrauch der Religion.

Bürgerkrieg mit 150.000 Toten.

Schuld sind immer die Anderen.

Es ist kein Teppich groß genug,

alles darunter zu kehren.

Zwei Jahre ohne Präsidenten,

und niemand, der ihn vermisst.

Wer glaubt,

den Libanon verstanden zu haben,

dem hat man ihn

nicht richtig erklärt.

Der Flaneur

Auch ich

höre die Stimmen,

ich höre den Marktschreier,

den Geschichtenerzähler,

die Ney* des Schlangenbeschwörers,

die Trommeln der Gnaua*

und den Ruf des Muezzin.

Ich schlendre durch die Gassen der Medina

und der Mellah*,

trinke meinen Minztee

auf der Terrasse

des Café de France.

Doch der Flaneur

ist ein anderer.

Ich

zähle die Dirhems.

Fes

Vogelkäfige im Basar

hängen dicht an dicht

Draht und Licht

und Luft

und Türen offen.

Was soll das

als ob da

einer reinflöge

das musst du nicht hoffen

so dumm

ist doch keiner

kein Vogel

hat so einen Vogel

kein Kakadu

so eine Meise

Was soll das?

Der Liebe Wort

Der Liebe Wort

verjüngt den Liebenden.

Das Wort ist stets mir Ritual,

ist nie Routine.

Es hält mich Alten jung

und unsre Liebe frisch.

Wir danken Nuruddin,

Siegel der Poeten*,

für die Weisheit dieser Worte.

Orient

Ich habe nicht den Orient

im Orient des Orients gesucht,

habe nur den Orient gefunden

im Lächeln einer jungen Frau,

die mir altem Mann

ihre Hand entgegen hielt

mit einer Schale gesalzener Pistazienkerne

in einer Tschaikhane*

im großen Basar von Isfahan.

Vergänglichkeit

Wo einst für den mächtigen Schapur

Erklangen kunstvoll die Saiten des Santur

Heute bei den Ruinen von Ktesiphon

Ein Araber, alt und erblindet

Die Saite seiner Rababa* schindet

Dass man den Tauben beneidet schon.

Ktesiphon*, Winterpalast der Sassanidenkönige

Samarra*

Surra min ra'a,

erfreut, wer sie sah.

Auch wir wollten erfreut sein,

sie gesehen zu haben.

Wir besuchten sie,

bestiegen außen über die Wendel

gegen den Uhrzeigersinn

die Milwiya*,

das Spiralminarett

der großen Freitagsmoschee.

Auf der Turmspitze standen uns,

elektrostatisch geladen,

die Haare zu Berge.

Donner grollte in der Ferne.

Wir beeilten uns,

wieder hinunter zu laufen,

bevor der Blitz einschlägt

in den höchsten Punkt

auf der weiten Ebene.

Pasargadae

Kyros war

vor zweieinhalb Jahrtausenden

ein großer König.

Seine Knochen haben

ein steinernes Haus.

Sein Name wird noch

ehrfürchtig genannt.

Wo sind die Knochen

und die Namen derer,

auf deren Kosten er

ein großer König war?

Pasargadae, Grabmal Kyros I.

Topkapı

Inschrift in schönster

arabischer Kalligraphie

auf edlen Iznikfliesen*

über einem Durchgang

im Harem des Sultanspalastes:

„Der Schatten des Sultans

ist gleich dem Schatten Gottes."

Welch erhabene Ankündigung

der nächsten Begattung.

Was aber,

wenn der Schatten Gottes

Potenzstörungen hat?

Torbogen im Harem des Topkapı-Palastes in Istanbul

Leila und Madschnun*

Meine Herzbeglückende ist mir teuer

wie einst Leila dem Madschnun,

und ich wäre ihr Madschnun

bannte nicht ihr liebender Blick

die Dschinne.

Ihre altersschönen Falten

fesseln mich

wie früher ihre Pfirsichwangen.

Anmerkungen

Āb: Arabisch: August

Bscharré, im nördlichen Teil des Libanongebirges, oberhalb des *Wādī Qadīscha* gelegen, ist der Geburtsort des libanesisch-amerikanischen Dichters Gibran Khalil Gibran (1883-1931).

Dschemschids Glas: Dschemschid ist eine Figur der iranischen Mythologie. Der Sage nach besaß er einen gläsernen Kelch oder Pokal, aus dem er alles Wissen und alle Geheimnisse der Welt ersehen konnte. Persepolis heißt bei den Iranern *Takht-e-Dschem-schid* (Thron des Dschemschid).

Dugh: Getränk aus Joghurt und Wasser oder Mineralwasser im Iran, meist mit getrockneten Kräutern, wie gehackter Minze verfeinert und leicht gesalzen, dem türkischen Ayran sehr ähnlich.

Ghasel: Ghasel kommt von dem arabischen Wort (غزل) *ghazl* = (Garn) spinnen. Es ist ein Gedicht, eigentlich ein Liebesgedicht, mit gleichem Endreim in jedem oder jedem zweiten Vers. Das Wort *mughāzele* - aus demselben Wortstamm – ist Flirten, also eine Beziehung „anspinnen".

Gnaua: Ethnische Minderheit in Marokko, Nachfahren von Sklaven aus Westafrika südlich der Sahara.

Ḥāfiz: *Schams ad-Dīn Muḥammad Schīrāzī* (1325-1390), geboren und gestorben in Schirāz, einer der großen persischen Dichter, Meister und Vervollkommner des Ghasel. Goethe bezeichnete *Ḥāfiz* und sich als „Zwillingsbrüder im Geiste". *Ḥāfiz* ist der Ehrenname eines Menschen, der den Koran auswendig kennt, und so wurde er zu seinem von ihm selbst verwendeten Dichternamen. Seine Gedichte thematisieren vielfach Weingenuss und allgemein eine hedonistische Lebenshaltung. Es wird jedoch darüber gestritten, ob und inwieweit dies metaphorisch gemeint war.

Izniktliesen: Die westanatolische Stadt *Iznik* war vom 15. bis zum 17. Jahrhundert berühmtes Zentrum für die Herstellung glasierter Keramik. Viele Moscheen und Paläste in Istanbul wurden mit Fliesen aus *Iznik* ausgestattet.

Khayyam, Omar: Persischer Dichter, Mathematiker, Astronom und Kalenderwissenschaftler (1048 – 1131), berühmt für seine *Rubaiyāt* („Vierer", d.h. vierzeilige Gedichte), in denen er vielfach den Genuss des Weines pries. Einige seiner Vierzeiler waren so religionskritisch, dass er heute dafür im berüchtigten Evin-Gefängnis landen und gefoltert und möglicherweise getötet werden würde. In Teheran ist heute noch eine Straße nach ihm benannt, und die herrschenden Mullahs haben es wegen seiner Beliebtheit im Volk nicht gewagt, diese Straße umzubenennen. Bücher mit seinen Gedichten werden auch heute noch gedruckt und verlegt, allerdings ohne die religionskritischen. Der Wein in vielen seiner Gedichte wird von den Mullahs als Metapher für Geist umgedeutet, damit sie nicht der Zensur zum Opfer fallen müssen.

Der von ihm errechnete Kalender ist heute noch im Iran gültig, und er ist mathematisch genauer als unser gregorianischer Kalender.

Koran: 2. Sure, Vers 256.

Ktesiphon: Winterplast der Könige der persischen Sassanidendynastie, erbaut im 3. Jahrhundert n.Chr., ca. 30 km südöstlich von Baghdad. Es ist bis heute, mit 37 m Höhe, der höchste frei schwebende Bogenbau der Welt aus Ziegelsteinen.

Leila und Madschnun: Dies ist die berühmteste Liebesgeschichte im ganzen Orient, die Geschichte von Qais und Leila. Die bekannteste literarische Bearbeitung ist die des persischen Dichters Nizami. Das Wort *madschnun* ist Arabisch und bedeutet verrückt. Der Stamm des Wortes ist *dschinn*, d.h. Dämon. Madschnun ist also von Dämonen besessen. Leilas Familie steht der Liebe im Wege und verhindert sie. Der unglücklich in *Leila* verliebte *Qais* geht in die Wüste, lebt mit den dort vorkommenden Tieren und wird *madschnun*. Der Plot dieser Geschichte kehrt in der orientalischen Literatur in unzähligen Variationen bis in die heutige Zeit wieder. Selbst Orhan Pamuks Roman „Museum der Unschuld" basiert auf diesem Plot.

Al-Ma'arrī: *Abū'l-'Alā' Aḥmad b. 'Abdallāh b. Sulaymān* (973-1058), berühmter arabischer Dichter, geboren und gestorben in *Ma'arrat an-Nu'mān*, einer Stadt in Nordsyrien zwischen Aleppo und Ḥoms. Daher rührt der Name *Al-Ma'arrī*. Seine Gedichte sind vielfach äußerst religionskritisch. Dies ist auch der Grund, dass eine ihn ehrende Statue in seinem Geburtsort während des syrischen Bürgerkriegs von islamistischen Rebellen der Al-Nusra-Front, einer Al-Qaida nahestehenden Rebellenorganisation, geköpft wurde.

Makame: arabisch: Sitzung, Versammlung oder Versammlungsraum, aber auch, wie hier, eine gereimte Erzählung.

Mellah: Jüdisches Viertel in marokkanischen Städten.

Milwīyah: Spiralminarett, Minarett mit außen um den Turm spiralförmig herumführender Treppe, wie beim berühmten Spiralminarett der großen Freitagsmoschee in Samarra (mittlerer Irak) aus dem 9. Jahrhundert.

Ney: Orientalische Rohrflöte, Endkantenflöte ohne Mundstück.

Qalam: Arabisch: Schreibfeder. Aus dem Griechischen: Kalamos = Schilfrohr und auch Schreibfeder. Bis heute im Orient als edles Schreibgerät aus Schilfrohr geschätzt und in der Kalligraphie benutzt.

Rababa: Saiteninstrument der arabischen Nomaden, oft sehr primitiv konstruiert, bestehend aus einem rechteckigen, mit einer Tierhaut bespannten Holzrahmen, darüber ein bis drei Saiten.

Samarra: Stadt im Irak ca. 130 km nördlich von Baghdad. Der Name der Stadt ist zusammengezogen aus dem ursprünglichen Namen *Surra min ra'a* (Erfreut, wer sie sah) zur Zeit der Abbasidenherrschaft, als die Stadt für einige Jahrzehnte im 9. Jahrhundert Hauptstadt des Abbasidenreiches war.

Siegel der Poeten: Jeder gebildete Perser weiß, wer damit gemeint ist: Nūruddīn 'Abdarrahmān Dschāmī (1414 –1492), Dichter und Mystiker, auch, in Anspielung und Analogie zum Propheten Mohammed, der Siegel der Propheten genannt wurde, weil es im Islam nach ihm keinen weiteren Propheten gibt, „Siegel der Poeten" genannt, weil er, nach Firdōsī, Nizāmi, Saadī und Hāfis, der fünfte und letzte der großen persischen Dichter war. Das Zitat „Der Liebe Wort verjüngt den Liebenden" stammt aus dem Epos „Yusuf und Zuleikha", Dschāmīs dichterische Version der biblischen Joseph-Geschichte.

Tammūz: Arabisch: Juli

Tschaikhane: Teehaus, Teestube

Za'tar wa Zayt: Thymian und (Oliven-)Öl, eine aus getrocknetem Thymian und ähnlichen getrockneten Kräutern und Olivenöl gemischte Paste als Brotaufstrich, meist mit Fladenbrot gegessen.

Ziggurat: gestufter Tempelturm im antiken Mesopotamien.

Der Autor

Ernst Günther Weber

geboren 1936 in Hellerau bei Dresden, aufgewachsen in Bremen, lebte als Außenhandelskaufmann von 1956 bis 1971 in Baghdad, Irak. Dort in erster Ehe mit einer irakischen Christin verheiratet. Seit 1971 wieder in Bremen, in zweiter Ehe verheiratet.

Veröffentlichungen bisher: ein numismatisches, auch international beachtetes und zitiertes Werk: „Arabo-Sasanidische Drachmen" (2013, vergriffen) und zahlreiche Aufsätze über bis dahin unedierte islamische Münzen in numismatischen Fachzeitschriften.

Außerdem:

„Ansichten eines Zweiflers", Essay über Religion aus der Sicht eines Agnostikers (2021, Books on Demand,
184 Seiten.).
Paperback   ISBN9783755736493
E-Book   ISBN9783755721956

„Mein Leben in Baghdad, Teil I: Die frühen Jahre (1956 – 1958)", (2022, Books on Demand,
76 Seiten, gebunden, Großformat, auf 200 g Fotobrillantpapier)
ISBN 9783756294107